AF618934

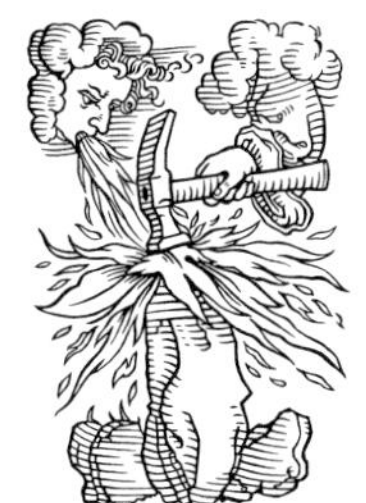

ESSENZEN 03
Herausgegeben
vom ARK Basel

Peter Stettler
Intérieur Extérieur

Mit Texten von Tomas Lochman,
Andreas Chiquet und Anna Lehninger

Schwabe Verlag

ABB. 1
o.T. [Im Café], 1963–1968
Öl auf Leinwand, 119 × 110 cm
Privatbesitz Riehen, G. Chiquet

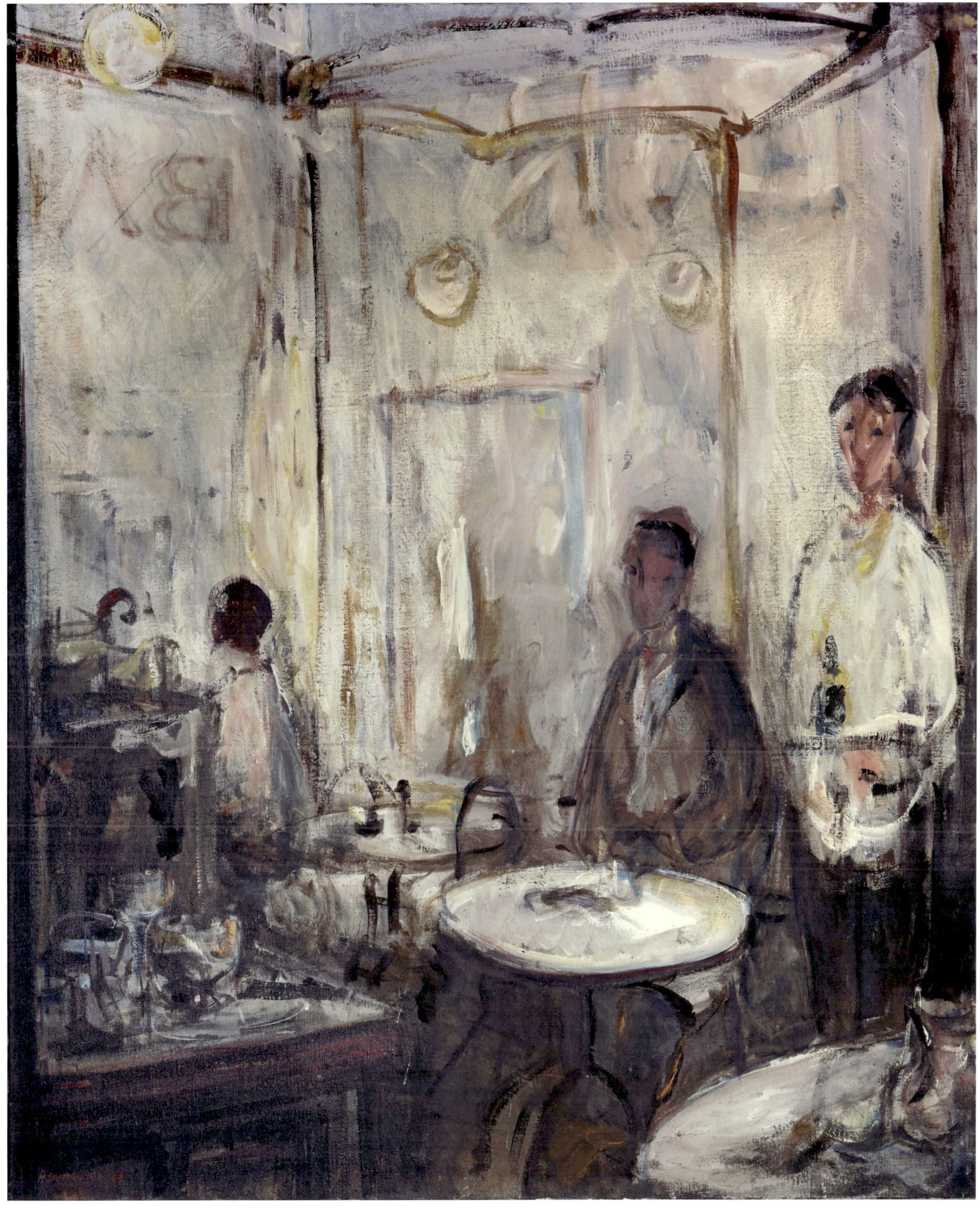

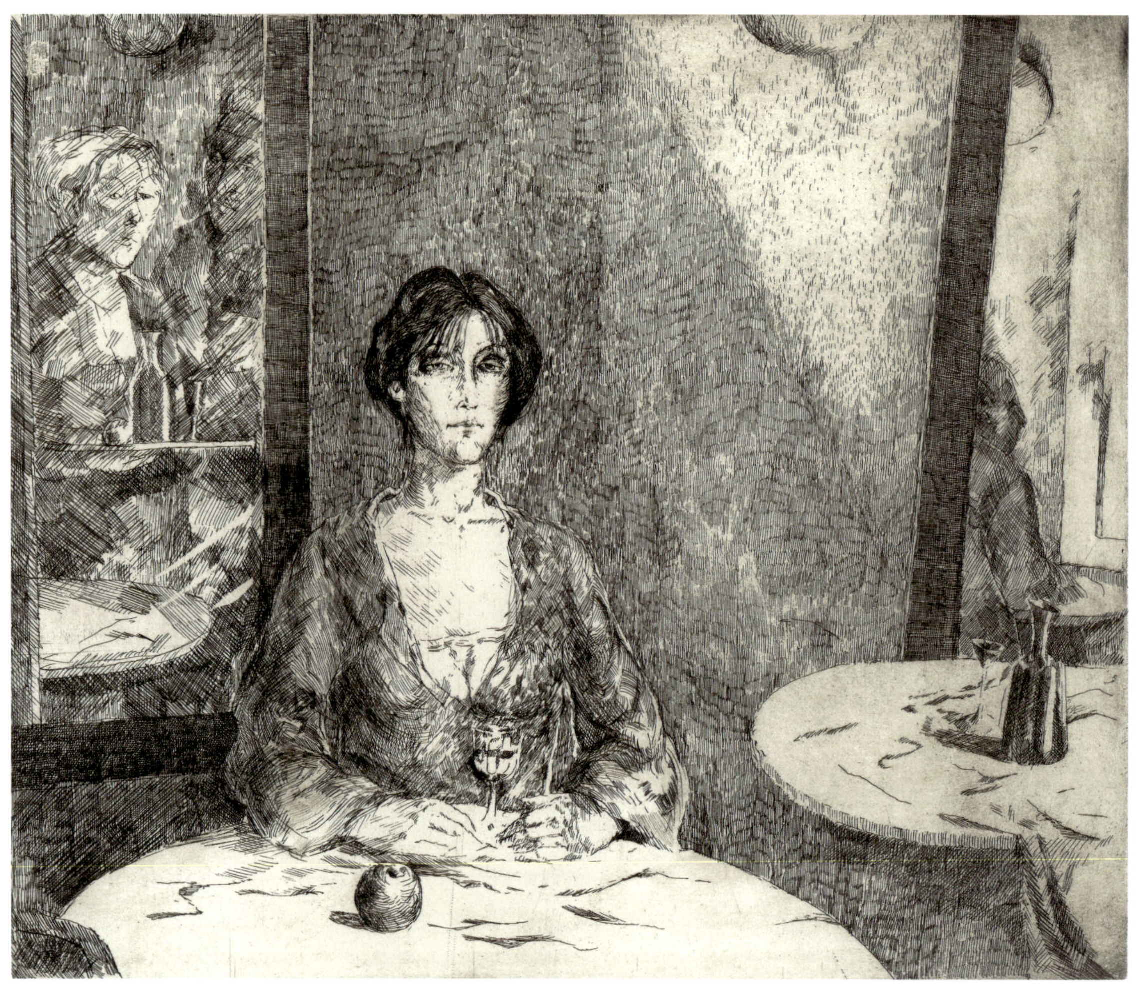

ABB. 2
Im Café, 1979
Radierung, 62,6 × 63,8 cm
ARK Basel

ABB. 3 →
Jüngling im Zimmer, 1971
Öl auf Leinwand, 98 × 79 cm
ARK Basel

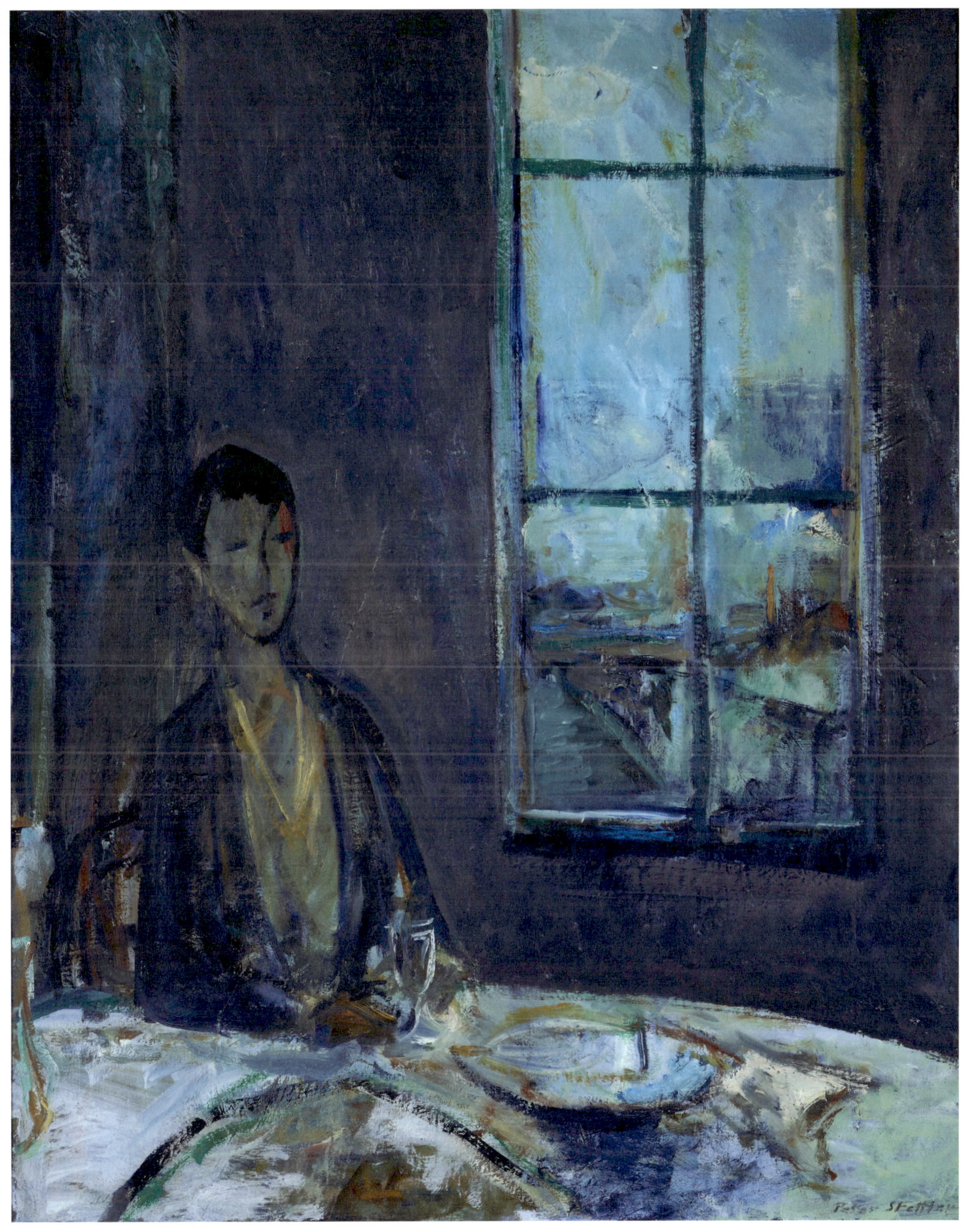

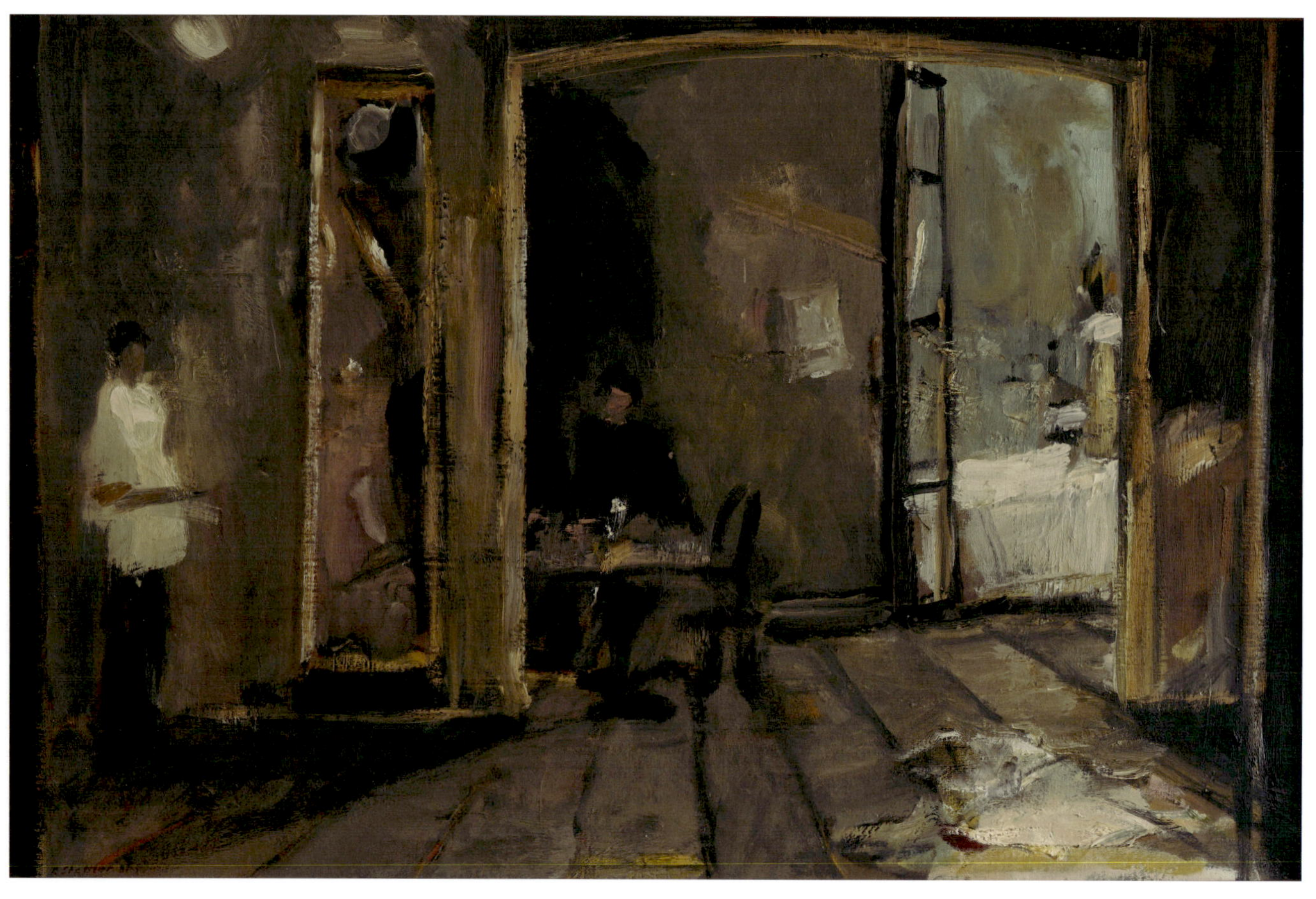

ABB. 4
Im Restaurant, 1981
Öl auf Leinwand, 62 × 100 cm
Privatbesitz Allschwil, A. und I. Iten

ABB. 5 →
Striptease, 1984
Öl auf Holz, 71 × 98 cm
Privatbesitz Allschwil, A. und I. Iten

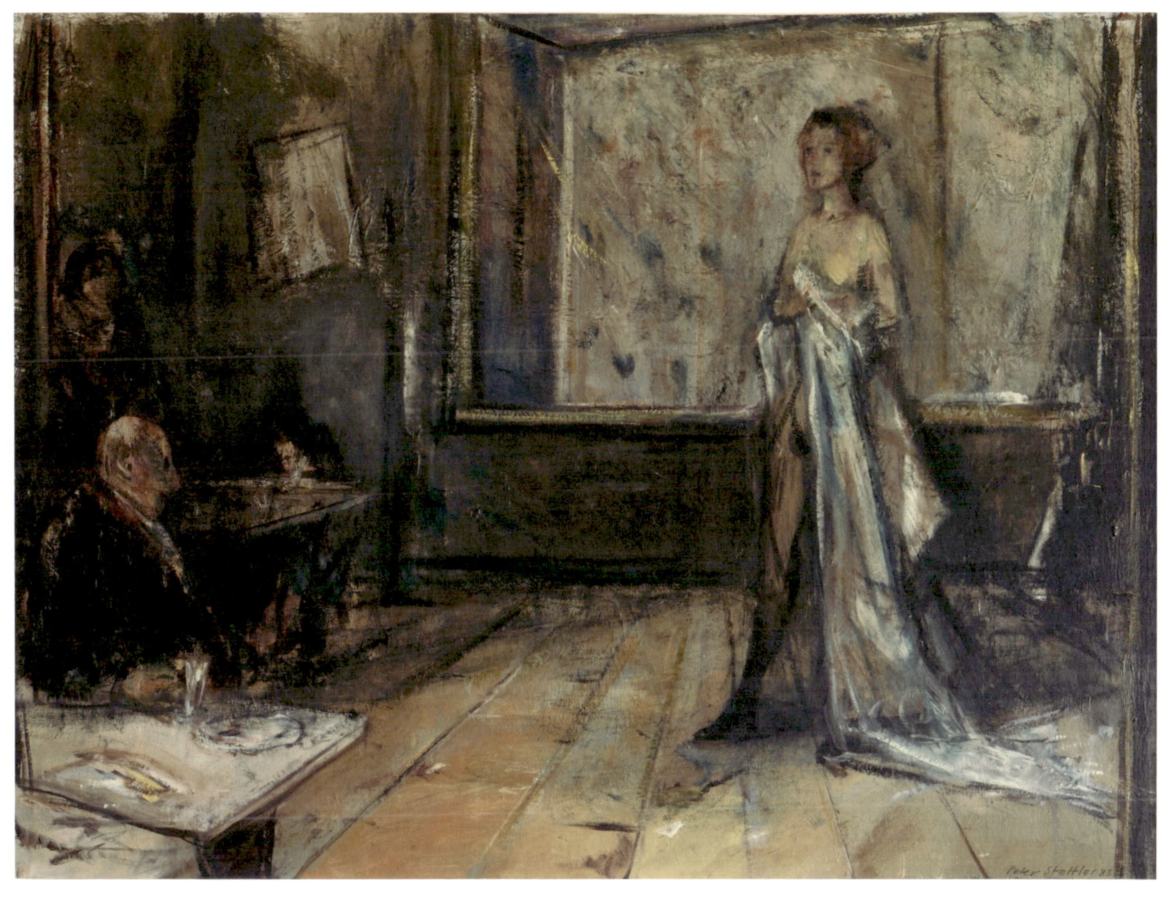

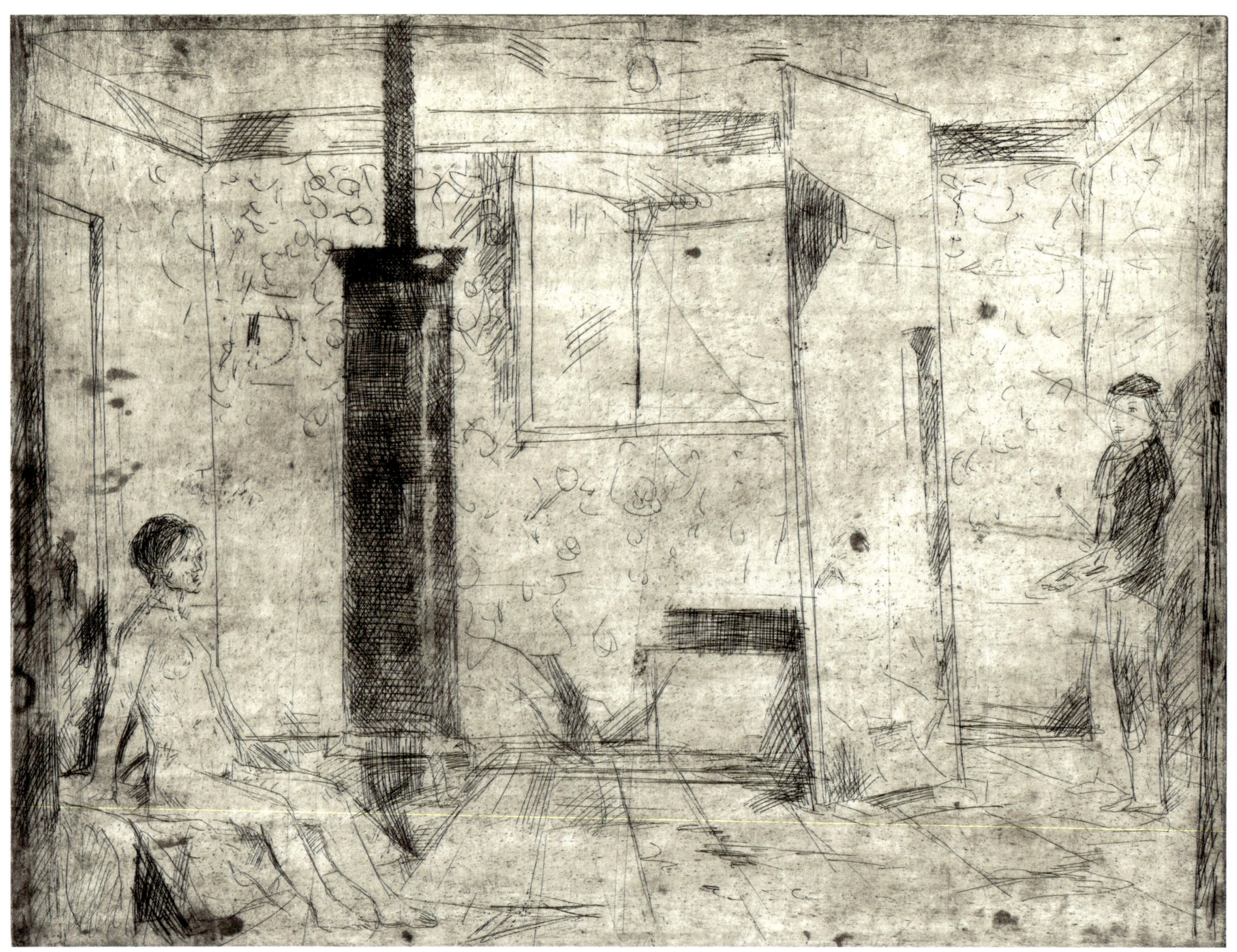

ABB. 6 ↑
o.T. [Im Atelier], undatiert
Radierung, 63,5 × 90,5 cm
ARK Basel

ABB. 7 ↗
Maler mit Modell, 1987
Öl auf Zigarrenschachtel, 24,5 × 35 cm
Privatbesitz Allschwil, A. und I. Iten

ABB. 8 →
Nachtcafé, 1988
Öl auf Leinwand, 47 × 54 cm
Privatbesitz Basel, P. Berlepsch

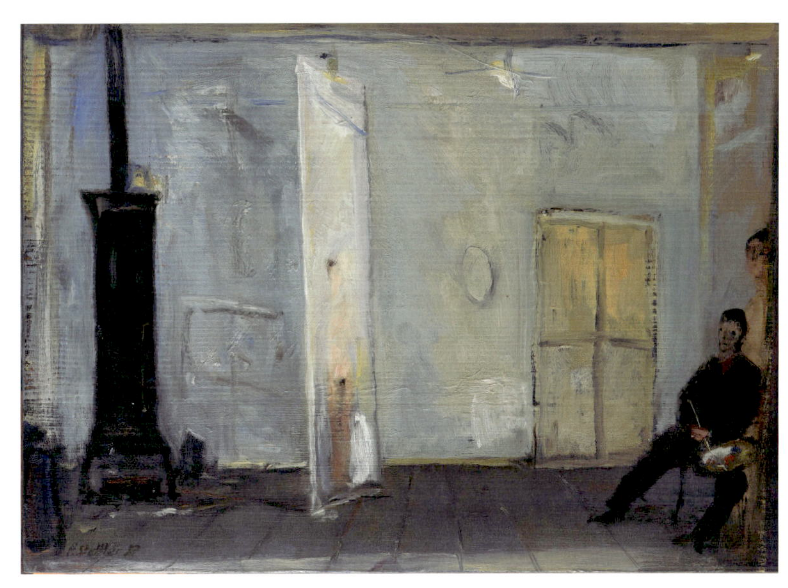

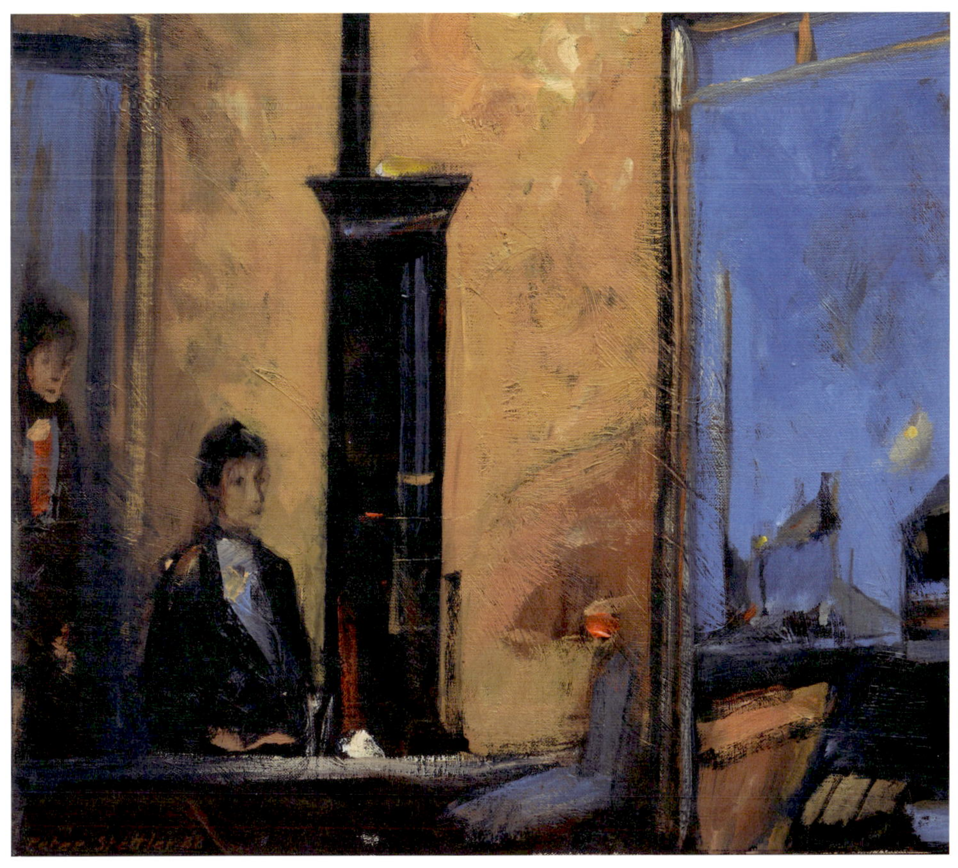

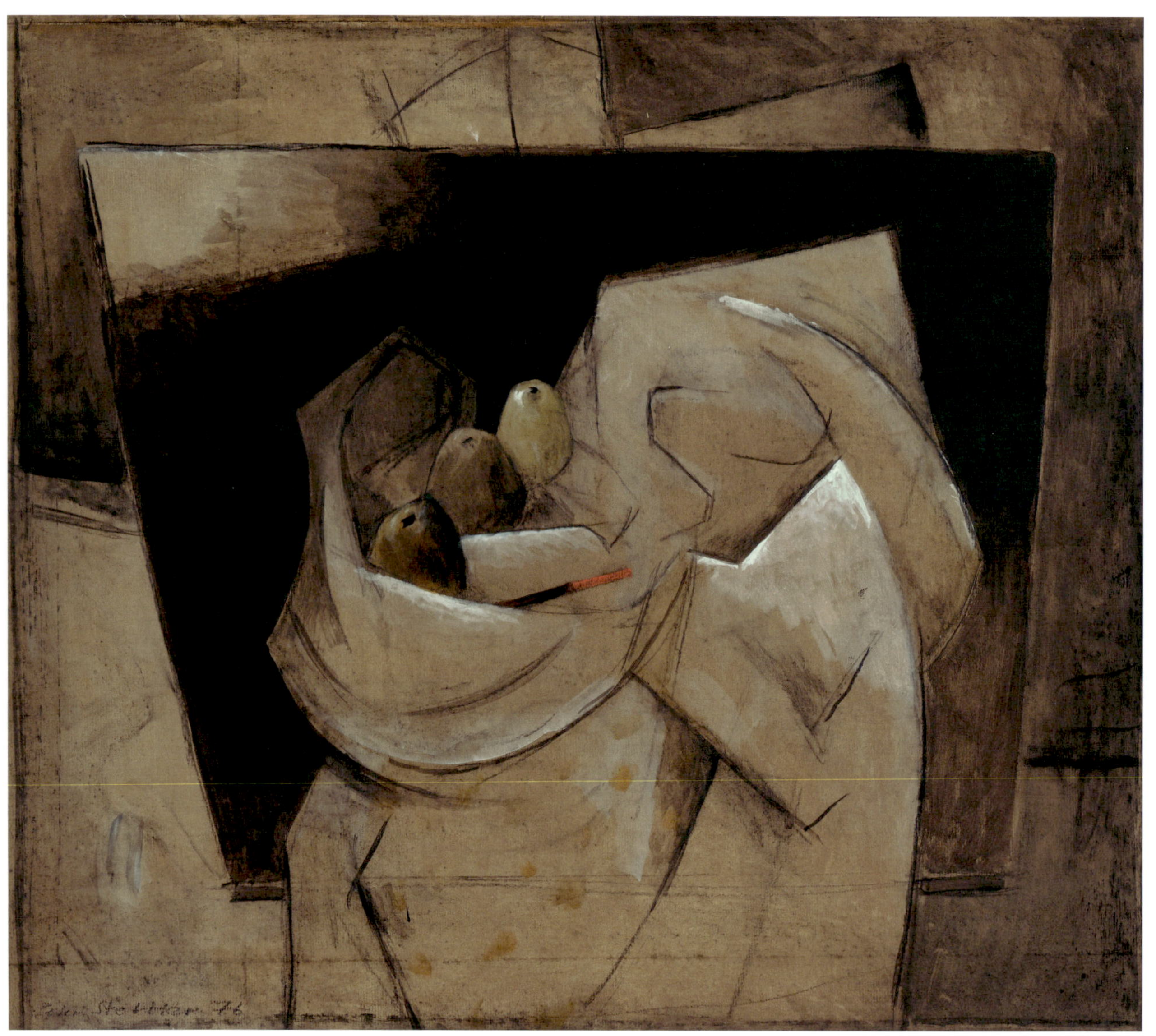

ABB. 9
Stillleben, 1976
Dispersion auf Pavatex, 66 × 76 cm
ARK Basel

ABB. 10 →
Stillleben mit Obstschale auf schwarzem Tisch, 1980
Öl auf Leinwand, 55 × 65 cm
Privatbesitz Basel, P. Berlepsch

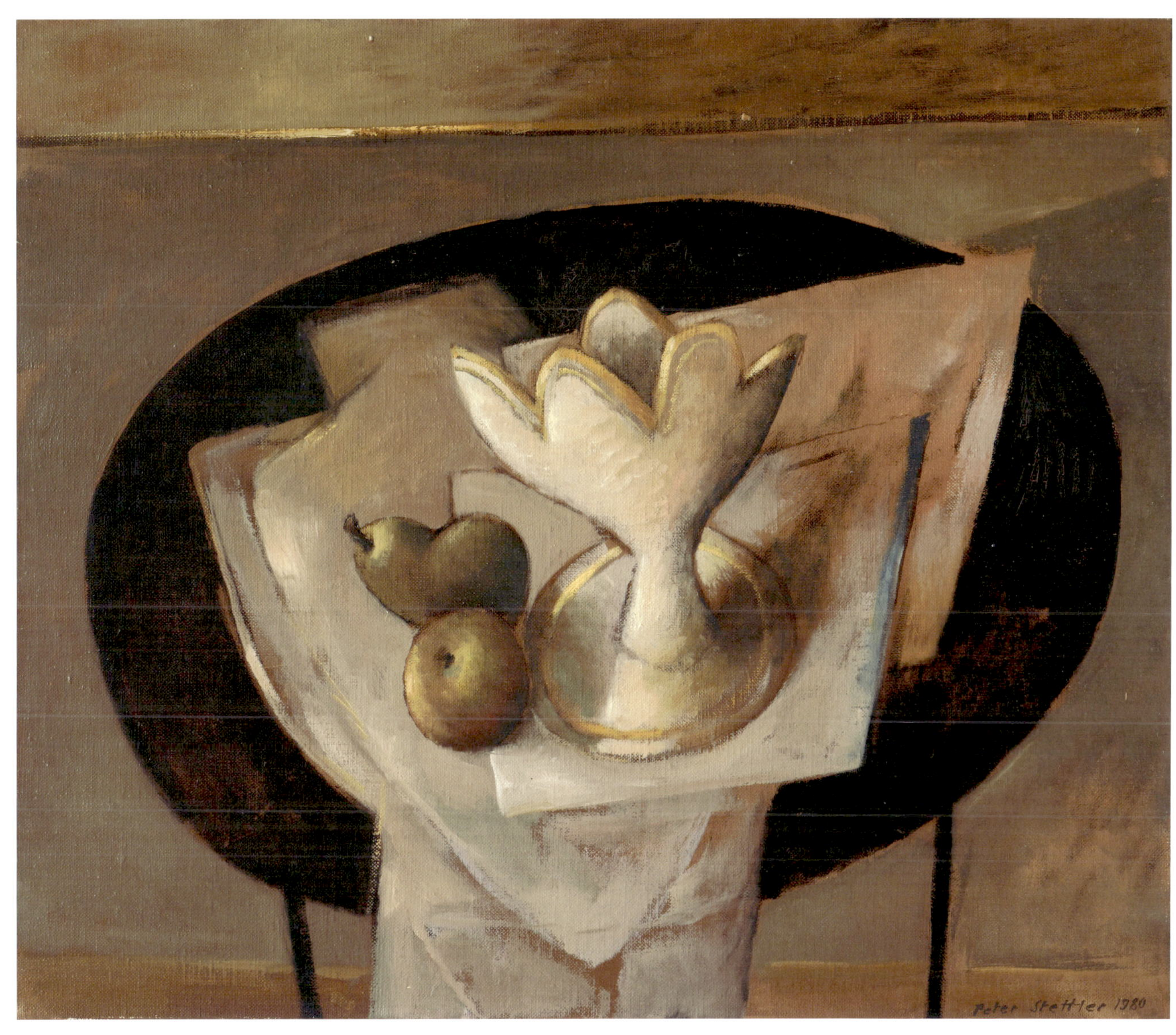
Peter Stettler 1980

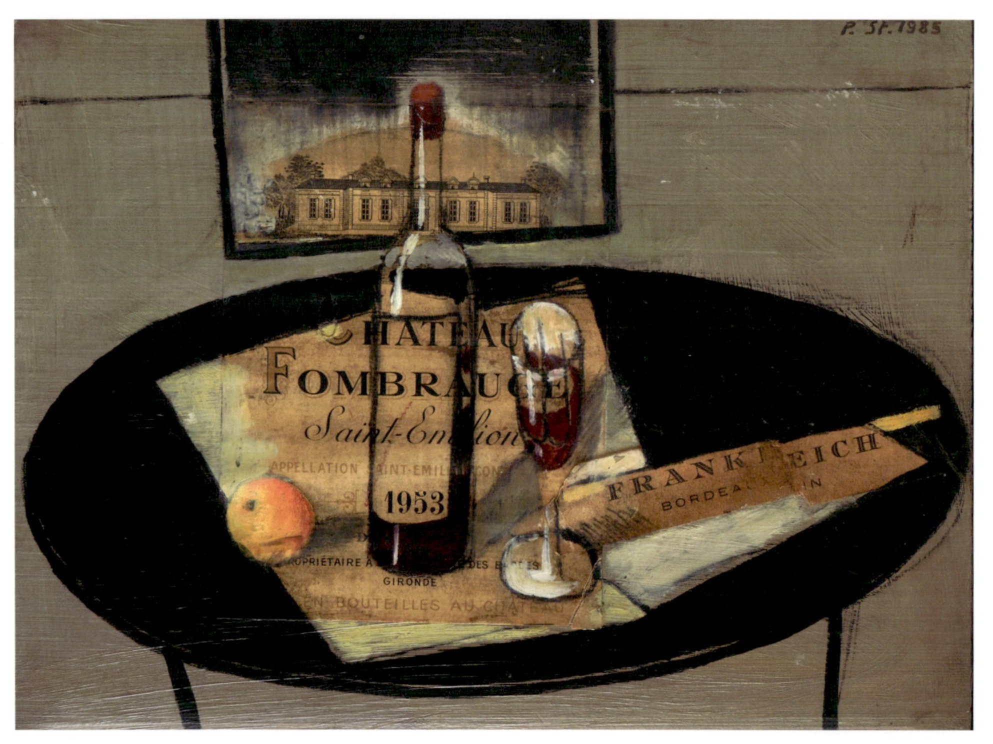

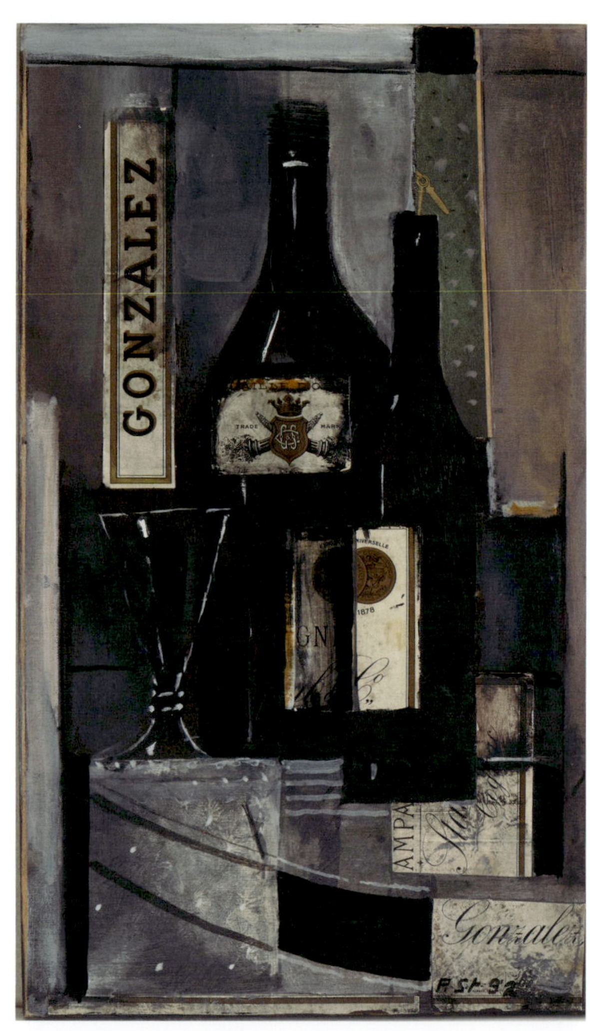

ABB. 11 ↑
Stillleben mit Weinflasche, 1985
Collage und Öl auf Holzkistchen
mit Weinetikette, 17,5 × 24 cm
Privatbesitz Allschwil, A. und I. Iten

ABB. 12 →
Stillleben mit Weinflaschen, 1992
Collage und Öl auf Holzdeckel, 33 × 19 × 2,5 cm
Privatbesitz Basel, R. Seiffert

ABB. 13 →→
Flasche mit Apfel, 1981
Öl auf Leinwand, 43 × 56 cm
Privatbesitz Basel, P. Berlepsch

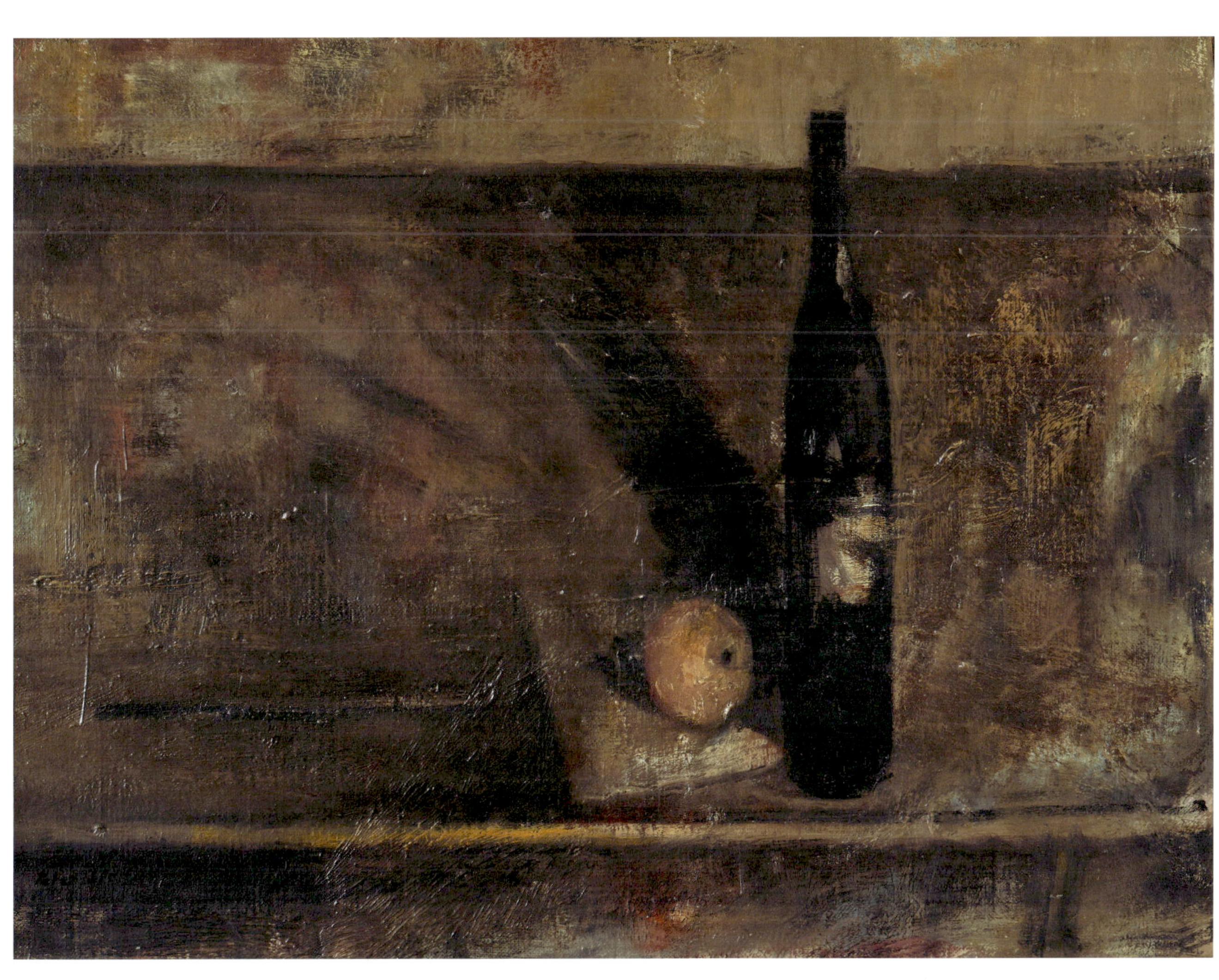

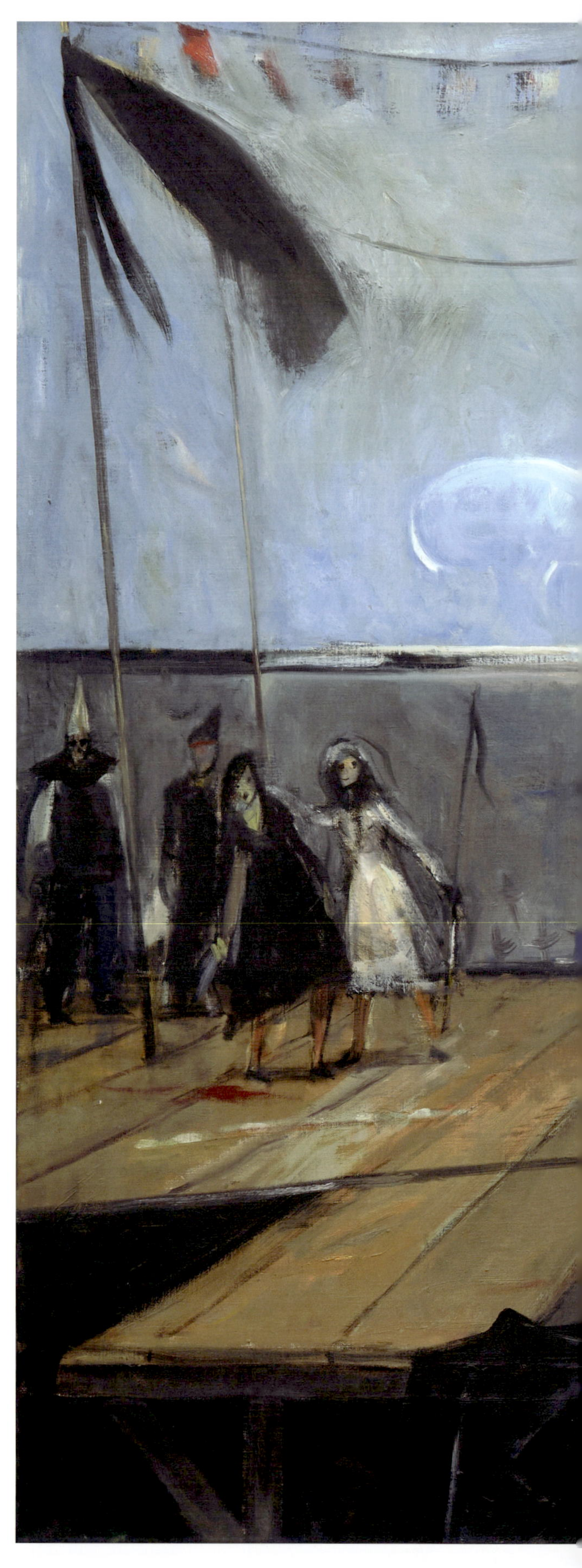

ABB. 14
Das letzte Fest, 1984
Öl auf Leinwand, 145 × 180 cm
Privatbesitz Muttenz, B. und D. Schweizer

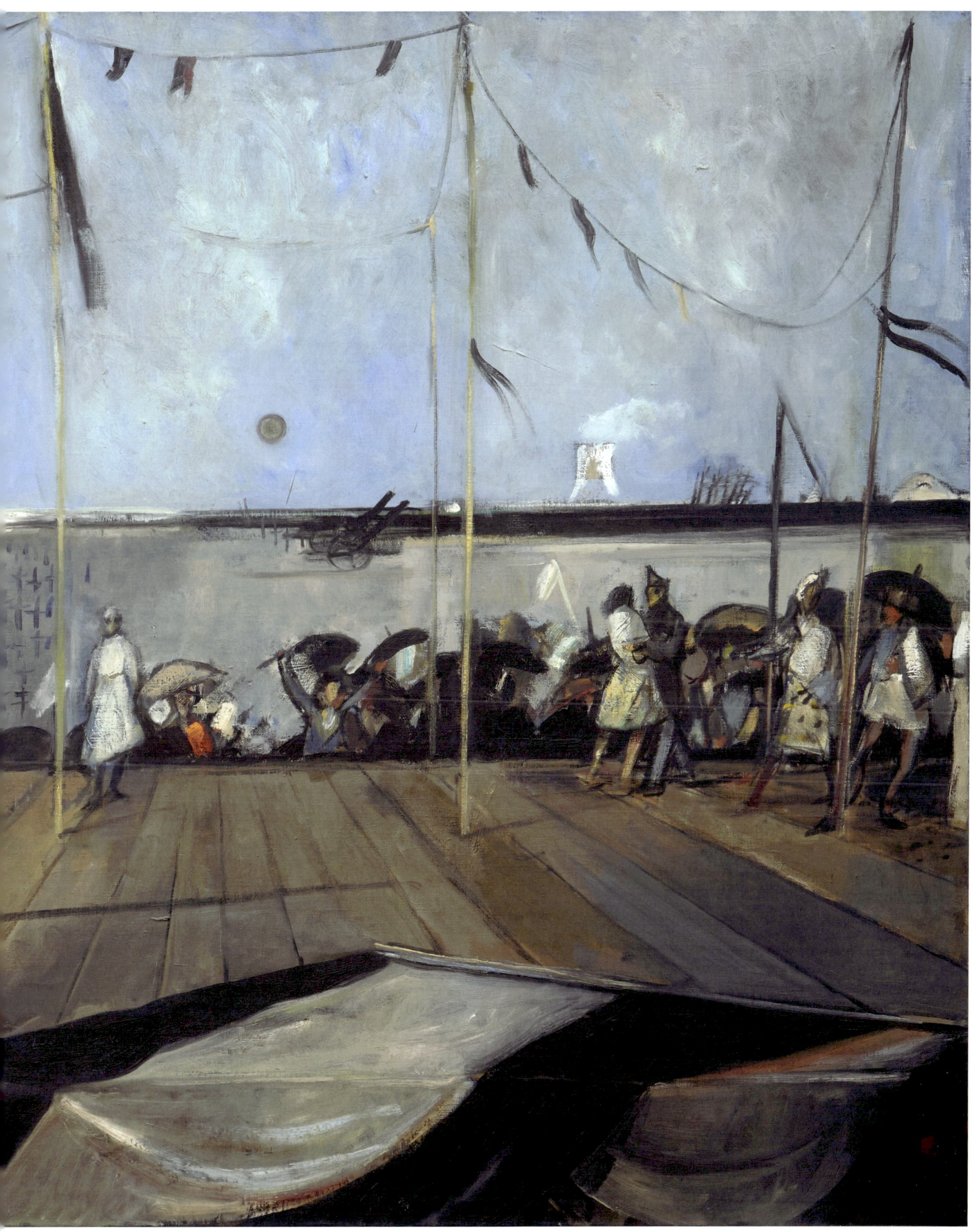

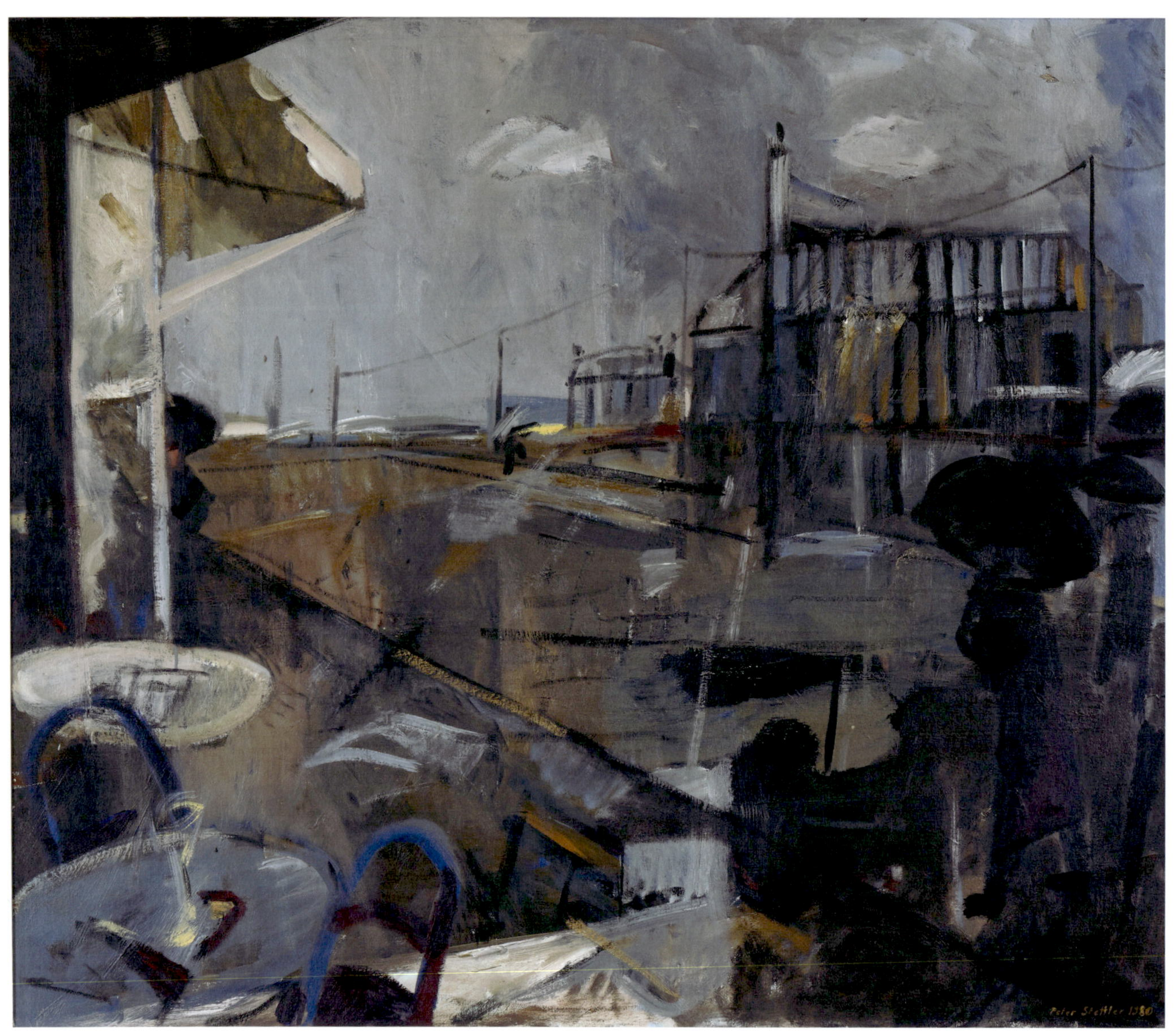

ABB. 15
Hallen in Belfort, 1980
Öl auf Leinwand, 110 × 120 cm
ARK Basel

ABB. 16 →
Saint-Louis am Abend, 1970
Öl auf Leinwand, 131 × 145 cm
ARK Basel

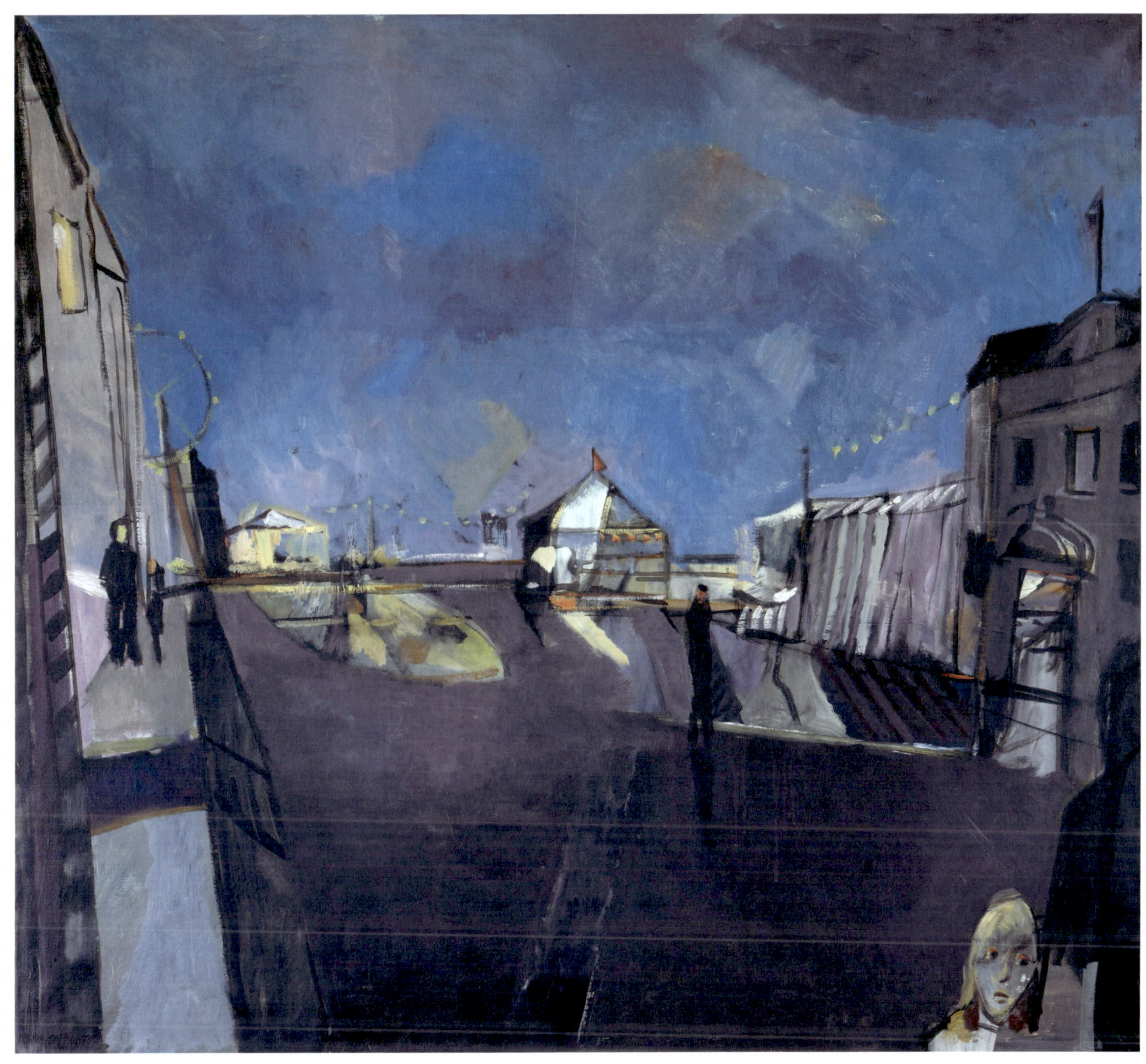

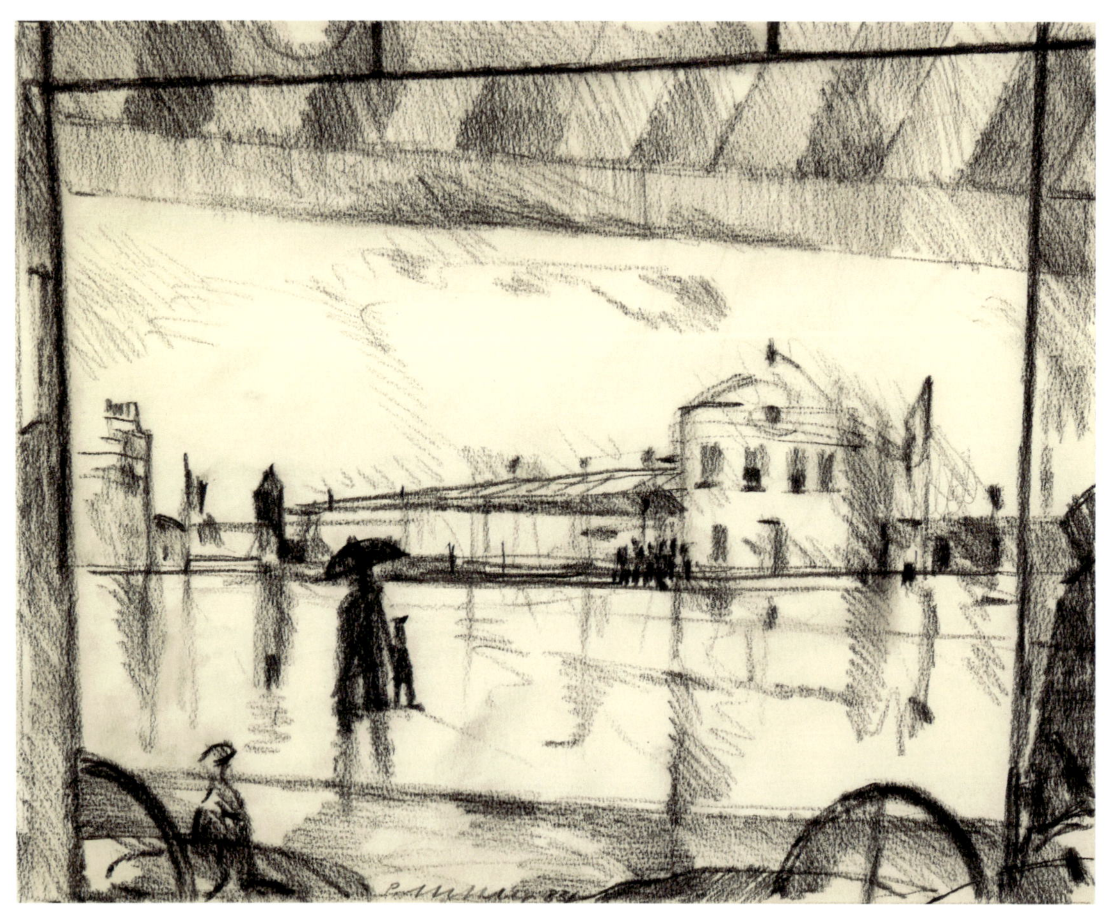

ABB. 17 ↑
Bahnhof, 1983
Kohle auf Papier, 32,5 × 40,5 cm
ARK Basel

ABB. 18 →
Bahnhof, 1978
Öl auf Leinwand, 100 × 120 cm
Privatbesitz Basel, P. Berlepsch

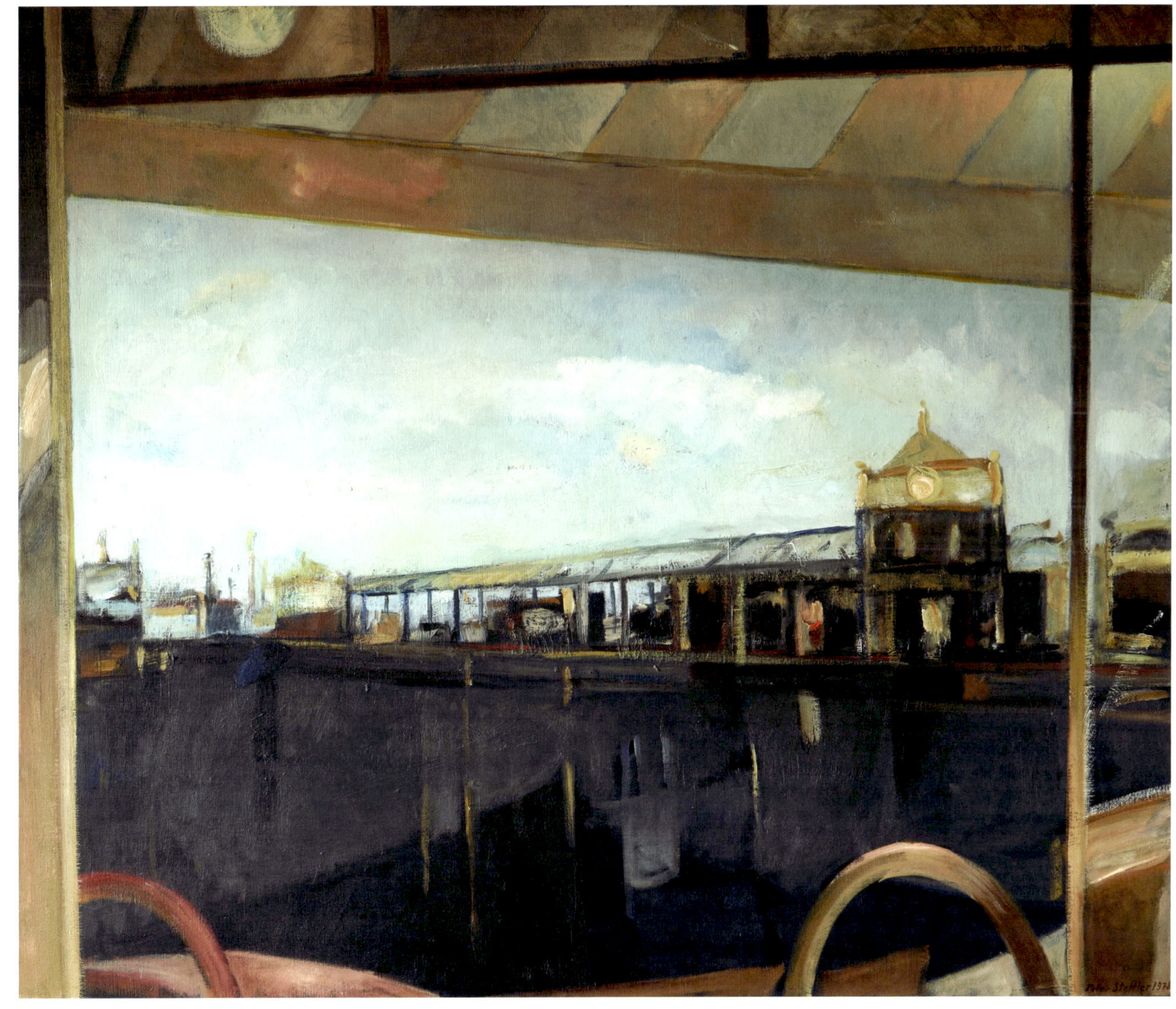
Peter Stettler

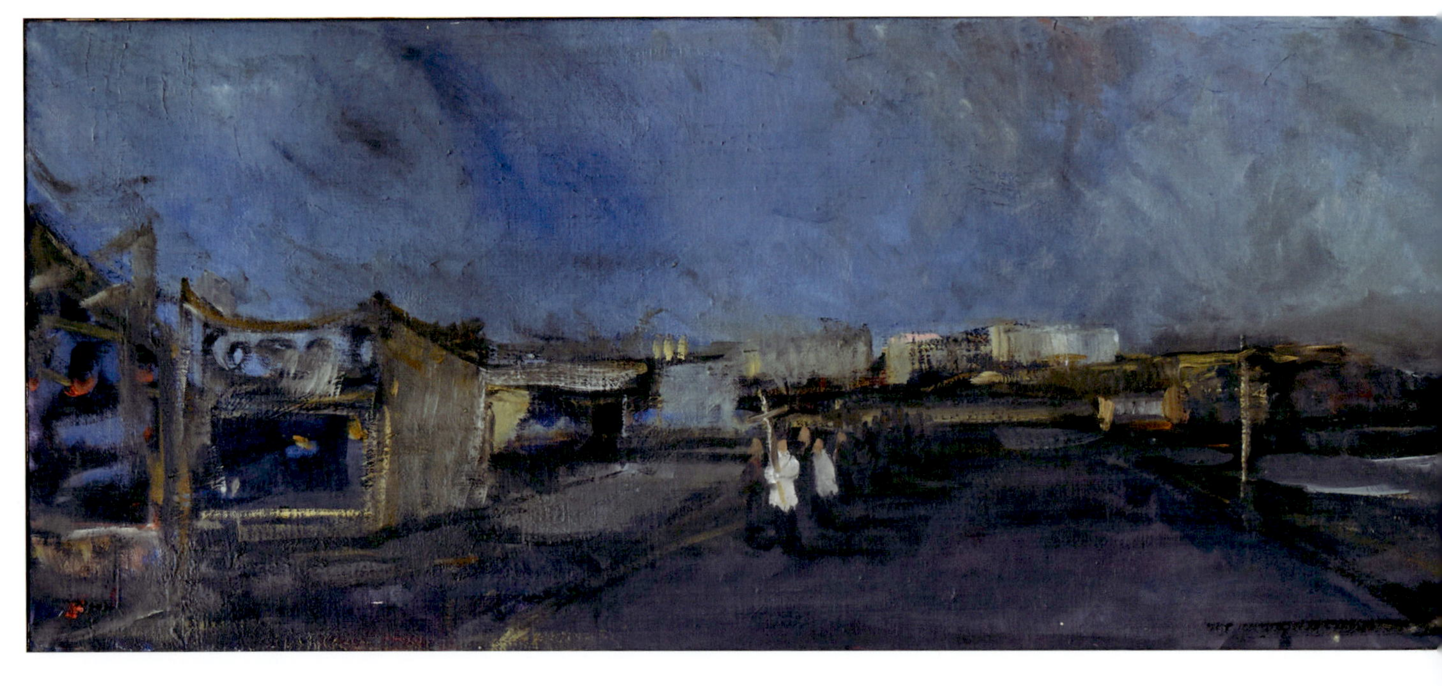

ABB. 19
Römische Vorstadt, 1970
Öl auf Leinwand, 43 × 200 cm
ARK Basel

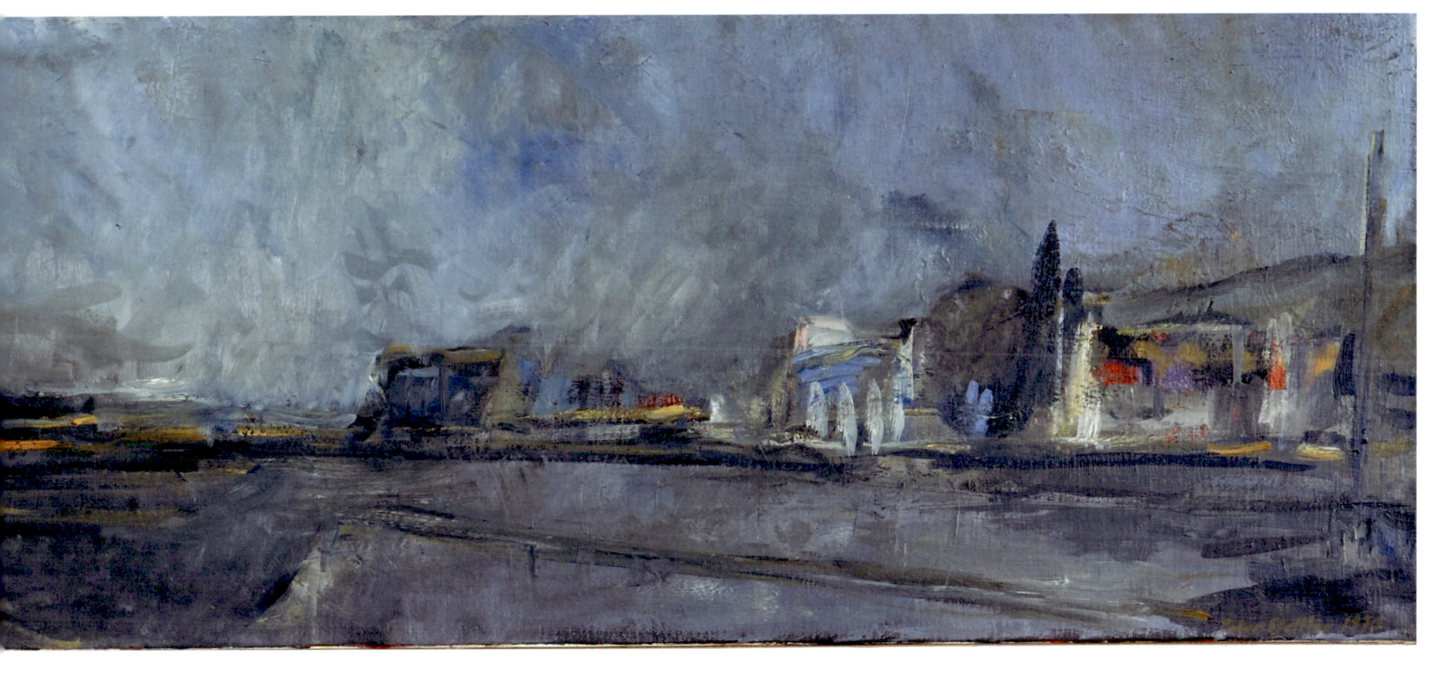

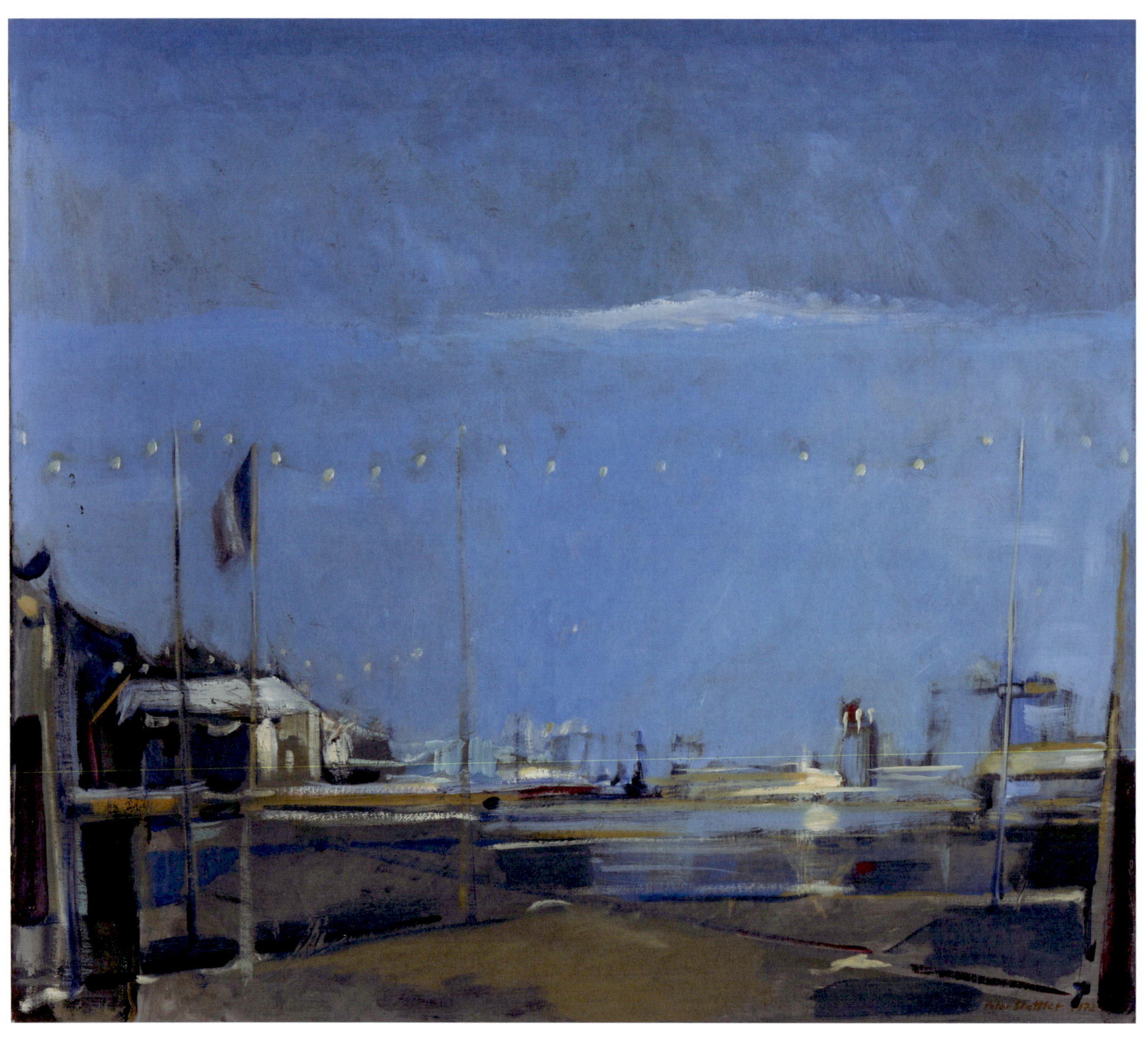

ABB. 20
o.T. [Hafengelände], 1973
Öl auf Leinwand, 83 × 94 cm
Privatbesitz Muttenz, B. und D. Schweizer

Tomas Lochman

Peter Stettlers Universum: Themen und Entwicklung

Einfluss- und Interessenszonen

Vieles im künstlerischen Leben von Peter Stettler schien vorgezeichnet. Als Sohn eines erfolgreichen Radierers und Malers kam er von Kindesbeinen an in Berührung mit der bildenden Kunst. Von seinem Vater Gustav Stettler wurde er schon im Alter von drei Jahren gefördert, wie die erhaltenen Kinderzeichnungen, die vom Vater sorgsam beschriftet und aufbewahrt wurden, bezeugen.[1] Damit war ein Grundstein für Peter Stettlers künstlerische Entwicklung gesetzt und die in dieser Beziehung dominante Rolle des Vaters festgelegt, was für den heranwachsenden Künstlersohn Vorteil und Bürde zugleich war. Dank seines Vaters erlernte der junge Peter die Zeichen-, Radier- und Maltechnik, wurde mit dessen Werken und Themen vertraut und kam auch generell, dank gemeinsamer Ausstellungs- und Museumsbesuche, mit der Kunst alter und gegenwärtiger Meister in Berührung.[2] Durch seine Eltern hatte er schon früh Kontakte auch zu lebenden Kunstschaffenden – Kollegen und Kolleginnen des Vaters. Dem Vater verdankte Peter Stettler schliesslich auch seine Anstellung als Lehrer an der Allgemeinen Gewerbeschule und in gewissem Sinne sogar seine Ehefrau, hatte er doch mit Erica Schnell eine enge Schülerin von Gustav Stettler geheiratet. Auf der anderen Seite stand der Sohn stets im Schatten seines Vaters, wurde mit diesem zeitlebens verglichen, was auch schon insofern seine Berechtigung hatte, als sich der heranwachsende Künstler thematisch und stilistisch eng am väterlichen Vorbild orientierte. Alle wichtigsten Themengattungen – Personendarstellungen, Aussenräume und Interieurs, Stillleben – sind in ihrer Frühzeit stark von Werken des Vaters geprägt. Peter sollte diesen Themen zeitlebens treu bleiben, im Laufe seiner Entwicklung aber dennoch eine Eigenständigkeit in stilistischer und kompositorischer Hinsicht erreichen, wie im Folgenden zu zeigen sein wird.

1 Siehe dazu den Beitrag von Anna Lehninger, hier S. 59ff.

2 Siehe hier S. 63.

So klar das Vorbild des Vaters auf das frühe Werk des Sohnes einwirkt, so wenig lassen sich in Peter Stettlers Œuvre eindeutige Einflüsse anderer Kunstschaffender oder einer bestimmten Künstlerbewegung feststellen. Dabei mussten Peter Stettlers Interessen für andere Künstlerinnen und Künstler und generell für die Kunstgeschichte vielfältig und breitgefächert gewesen sein. Im Laufe seines Lebens hatte er sich eine grössere Kunstbibliothek angelegt. Zwar ist die umfangreiche Kunstbuchsammlung nicht erhalten, aber im Bestandskatalog seiner gesamten Hinterlassenschaft, die nach dem Tod seiner Frau und Witwe Erica 2019 von den Nachlassverwaltern aufgelöst und dabei teils veräussert, teils entsorgt wurde, dokumentieren Aufnahmen neben zahlreichen Bildern und diversen Sammlungsobjekten auch ganze Bibliotheksregale.[3] Aus den Buchrücken erschliessen sich – sofern die Titel lesbar genug sind – Ausstellungskataloge und Künstlermonographien zu den diversesten Künstlern aus dem breiten Zeitraum vom 18. bis zum 20. Jahrhundert. Dass Peter Stettler Kunstbücher konsultierte, wissen wir auch aus Erzählungen von ihm nahestehenden Personen; noch kurz vor seinem Tod war er im Spitalbett in eine umfangreiche Monographie zu Stillleben,[4] einer in Stettlers eigenem Schaffen oft berücksichtigten Bildgattung, vertieft. Einige ehemalige Schülerinnen, Arbeitskollegen und Freunde von Peter Stettler können sich ferner erinnern, dass er einige wenige Künstler besonders geschätzt habe: Francisco Goya, Alberto Giacometti, Henri Matisse sowie den in früheren Basler Kunstkreisen durchaus gut bekannten Lausanner Maler René Auberjonois (1872–1957).[5] Mit Letzterem verbinden ihn zwar gewisse stilistische und formale Ähnlichkeiten, aber von einem Einfluss zu reden, wäre konstruiert. So wie Peter Stettler – ganz im Gegensatz zu seinem Vater, der ein Gründungsmitglied der bedeutenden Basler Künstlergruppe «Kreis 48» war[6] – nie Anschluss an eine Gruppe suchte, so wie er von bestimmten zeitgenössischen Kunsttendenzen (Informel, abstrakter Expressionismus) gänzlich unberührt blieb, so sehr blieb er sich stets selbst treu: seiner eigenen Malweise, seinen Themen, seinem Bildaufbau – kurz: seinem Universum. All die befruchtenden wie hemmenden Umstände seiner Herkunft und seines künstlerischen Umfeldes konditionierten Peter Stettlers spätere Entwicklung.

Werkgruppen und Themenfolgen

Wertet man von den überlieferten Bildern Peter Stettlers alle mit Jahreszahlen versehenen aus und gliedert das hinterlassene Œuvre in thematische Gruppen auf, bekommt man einen aufschlussreichen Überblick über die Entwicklung und Abfolge der Themen, die den Künstler während seiner 40-jährigen Aktivzeit, d. h. von den späten 50er-Jahren bis zu seinem frühen Tod 1998, beschäftigten.

3 Wir danken der damaligen Beiständin von Erica Stettler-Schnell dafür, dass sie uns den Nachlassordner zur Verfügung gestellt hat.

4 Siehe hier S. 56.

5 *René Auberjonois. Musée cantonal des Beaux-Arts,* Lausanne 1994.

6 Margrit Gass, Markus Glatt und Andreas Jetzer (Hg.): *Die Basler Künstlergruppe Kreis 48,* Basel 2016. Darin: Simon Baur: «Gustav Stettler – Ein Schwarzmaler mit Pfiff», S. 182–193.

Innerhalb der ersten Hälfte der 60er-Jahre versucht sich der junge Künstler sukzessiv in allen Bildthemen, denen er sich in seinem ganzen Künstlerleben widmen sollte: zunächst der Figurenmalerei (Bildnisse und Akte), dann den Landschafts- und Stadtbildern sowie den Interieurs und schliesslich den Stillleben.

In den Jahren vor und um 1960, die den Beginn von Peter Stettlers künstlerischem Schaffen als Erwachsener markieren, beschäftigt sich der junge Künstler ausschliesslich mit Figurenbildern. Die ersten Darstellungen geben idealisierte Büsten bzw. Halbfiguren von Personen wieder – Männern wie Frauen –, die in den Ölbildern als isolierte Einzelbildnisse gehalten, in den Zeichnungen gelegentlich in Gruppen von bis zu drei Personen arrangiert sind. Sämtliche Figuren sind frontal und umrissbetont wiedergegeben, die Gesichtszüge auf wenige schlichte Linien reduziert. In ihrer Stilisierung stehen sie noch ganz unter dem Eindruck des Œuvres seines Vaters. Ohne Signatur wären sie nicht eindeutig von ähnlichen Figurenbildern des Vaters zu unterscheiden. Von 1964 an erweitert Peter Stettler das Repertoire um gelegentliche ganzfigurige Frauenakte, doch in diesen verrät sich bereits eine gewisse Eigenständigkeit im Vergleich mit entsprechenden Akten von Gustav Stettler, sind doch, wie es Andreas Chiquet in seinem biographischen Beitrag ausführt, die Akte des Sohnes zurückhaltender als die des Vaters.[7]

Extérieurs

Bereits 1961 versucht sich Peter Stettler neben der figürlichen Darstellung auch in der Landschaftsmalerei, später auch in Bildern mit städtischen Motiven. Zu den Erstlingswerken aus dieser Kategorie gehören menschenleere südliche Landschaften mit kubisch reduzierten Häusern. In ihrem pastosen Auftrag, der gedämpften Farbigkeit und schlichten Ästhetik sind auch diese bestimmten Bildern des Vaters nicht unverwandt.[8] Doch von solchen lieblich-warmen Mittelmeermotiven wendet sich Peter Stettler im Laufe der 60er-Jahre zugunsten von Bildern «kälterer» urbaner bzw. industrieller Siedlungsräume ab. Auch wenn sich Stettler schon früh in den 60er-Jahren für städtische Landschaften zu interessieren begann – auch in dieser Beziehung dürften einzelne Werke von Vater Gustav als mögliche Vorbilder gedient oder zumindest Impulse gegeben haben[9] –, muss sein Aufenthalt in Paris im Jahr 1967 den entscheidenden Antrieb für die Vertiefung in dieses Thema vermittelt haben. In diesem Jahr erhielt der damals 28-Jährige ein Kunststipendium des Kantons Basel-Stadt, das es ihm ermöglichte, zusammen mit seiner Frau Erica über mehrere Monate das Basler Atelier in der *Cité Internationale des Arts* zu beziehen. In der französischen

7 Siehe hier S. 54f.

8 Ein beredtes Beispiel, *Häuser in Spanien* von 1961, wurde im gleichen Jahr vom Basler Kunstkredit angekauft (Inv. 1961.26).

9 Vgl. hierzu insbesondere die Kaltnadelradierung *Dämmerung*, hier S. 53f. Abb. 37.

Kunstmetropole waren es aber weniger der Austausch mit anderen Kunstschaffenden und noch weniger traditionelle und vielfach erprobte Pariser Örtlichkeiten und Sujets, die Stettler in seinen Bann zogen, als vielmehr die *banlieues* (Vorstädte): Insbesondere die in dem breiten Gürtel um Paris liegenden *terrains vagues,* Industriebrachen und freie offene Gelände und Baulücken, müssen Peter Stettler mit ihrer Anonymität und Sprödheit beeindruckt haben, weil sie auch noch über Jahre hinweg einen Grossteil seiner schöpferischen Ideen nährten. Unter dem Eindruck solcher Vorstädte entwirft Peter Stettler in entsprechenden Bildern weite, offene Gelände mit angedeuteten Industrie- und Lagergebäuden bzw. ganze Dächerlandschaften, über die er einen unendlich hohen Luftraum legt. Menschen sind in diesen anonymisierten Siedlungsräumen bestenfalls kleine Nebenfiguren, meistens treten sie gar nicht Erscheinung. Deren Abwesenheit fällt vor allem dort auf, wo ein Zirkuszelt, Riesenrad oder Fahnenstangen mit Lichterketten erkennbar sind, Bestandteile von Freizeitgeländen, denen ohne die zugehörigen Menschenmassen kaum Bildwürde zugestanden wird.

Trotz der inspirierenden Wirkung, die Paris, aber auch andere französische Städte auf ihn ausübten, malt Stettler seine städtischen und industriellen Landschaften nie nach dem realen Vorbild. Selbst dort nicht, wo überlieferte Werktitel auf konkrete Bauwerke wie die Hallen von Belfort (*Hallen in Belfort,* ABB. 15), den Bahnhof von Troyes (*La gare de Troyes*)[10] oder das Schleusentor des Kanals von Huningue bei Saint-Louis (*Saint-Louis am Abend,* ABB. 16) schliessen lassen könnten. Denn alle der Wirklichkeit nur scheinbar abgeschauten Motive sind keine präzisen Wiedergaben, sondern eigenständigen Entwurfsprozessen entspringende schemenhafte Umsetzungen der allfälligen Vorbilder. Sie sind in einen erweiterten eigenen «Kunst-Raum» eingefügt, der kulissenartig aufgebaut ist, indem umgebende Gebäudeteile, Mauern und Hänge zu den Rändern geschoben oder perspektivisch schräg gestellt sind, um das zentrale Bildmotiv einzurahmen und ihm eine unwirkliche Präsenz zu verleihen. Stettler entwirft auf diese Art seine eigene Typologie von Kunst-Landschaften von besonderem ästhetischem Reiz und atmosphärischer Stille.

Ein in Muttenzer Privatbesitz gelangtes Bild (o. T., ABB. 20) mag für dieses Übereinanderfliessen zwischen Landschaft und Industriefläche ein anschauliches Beispiel liefern. Das Bild zeigt zwischen einem offenen, undefinierbaren Gelände und dem dominierenden Himmel in der Ferne diffus konturierte Formen eines vermutlichen Hafengeländes mit Tankern, Lastkränen und Silos. Von links schiebt sich aber ein Gebäude in den Vordergrund, das durch die Hinzufügung von Fahnenmast und Lichterketten eher wie eine Strandhütte am Meer als ein Lager- oder Werkgebäude anmutet. Die spiegelnde Pfütze auf dem versiegelten Boden

10 *La gare de Troyes* (hier nicht abgebildet) ist ein Ölbild im Basler Privatbesitz.

im Vordergrund könnte aufgrund der malerischen Unschärfe und des atmosphärischen Gesamtumfelds ebenso gut als ein von seichter Meeresflut überzogener Sand irgendwo an der Atlantikküste empfunden werden. Man wähnt sich also mal in einem Industriegelände, mal an einem Strand – eine changierende Ambivalenz, die Stettler auch in ähnlichen Bildern spielerisch leicht einzusetzen weiss.

Als ähnlich gelagertes Beispiel für solcherart changierende Bildelemente könnte das Gemälde *Das letzte Fest* von 1984 ABB. 14 angeführt werden.[11] Auf diesem wegen seiner düster-bedrohlichen Thematik für Stettler sehr ungewöhnlichen Bild sehen wir auf einer Bretterbühne zersplitterte Paare den letzten Tanz ausführen, während im Hintergrund ein Atombombenpilz aufsteigt und daneben – quasi als weitere Errungenschaft des in Stettlers Augen unheilvollen Atomzeitalters – sich bedrohlich der Kühlturm eines Kernkraftwerks erhebt. Je nach Entfernung und Sehweise des Betrachters könnte die Situation unterschiedlich wahrgenommen werden. Bei einer flüchtigeren Betrachtung könnte das offene, unbebaute Gelände, das sich hinter der Bühne in der Breite und Tiefe erstreckt, als eine geschlossene Mauer mit Graffitis und Wandmalereien gesehen werden, die sich zwischen Tanzfläche und die nur schwer definierbare Aussenwelt schiebt. Aus einem offenen Gelände wird ein Interieur, aus dem heraus aber eine eingegrenzte Aussicht auf eine – hier bedrohliche – Aussenwelt gewährt wird.

Intérieurs

Neben dem Interesse für weite urbane Aussenräume entwickelt Stettler seit dem Jahr 1964 auch eine Vorliebe für architektonische Interieurs. Die frühesten Ansichten von Innenräumen zeigen noch klassische Wohn- und Arbeitsräume, die den darin dargestellten Personen als natürlicher Wirkungsraum dienen. Mit der Zeit aber wird der Raum immer wichtiger als die Personen und gewinnt als Bildthema stark an Eigengewicht. Zweifellos seinem Pariser Aufenthalt ist es geschuldet, dass Stettler seit 1967 zunächst mit Vorliebe Cafés und Tanzsäle, manchmal auch Varietés malt ABB. 1–5, 8, später auch Künstlerateliers ABB. 6–7. Bereits mit der Serie der frühen Caféinterieurs findet Stettler zu seiner spezifischen Darstellungsweise von Innenräumen, die in den 70er-, 80er- und frühen 90er-Jahren zusammen mit den Aussenlandschaften das dominierende Thema seines Bilduniversums darstellen. Es sind fiktive, allein aus einem zeichnerisch-malerischen Entwurf aufgebaute Räume, in die der Beschauer wie aus einer leicht erhöhten Position hineinblickt, ähnlich wie ein Theaterzuschauer aus der Empore auf den Bühnenboden, während verkürzt dargestellte Seitenwände bzw. zu den Rändern «geschobene» Fenster- oder Türleisten das Bildfeld seitlich einrahmen. Grosse Fenster in der Wand geben ausschnitthafte Ausblicke auf

11 Von diesem Bild gibt es mindestens eine zweite, kleinere Version, die dem ARK Basel aus Privatbesitz für die Ausstellung zur Verfügung gestellt wurde.

die Strasse bzw. auf einen Himmel und die sich darunter erstreckenden Dächerlandschaften frei. Durch diese Durchblicke wird die Aussenwelt Bestandteil der Innenwelt. Im umgekehrten Sinne verhält es sich ähnlich in einzelnen Landschafts- und Stadtbildern. Dort erfüllen bestimmte Elemente von Interieurs eine Abgrenzungsfunktion zur Aussenwelt, etwa indem vorkragende Seitenwände den Aussenraum seitlich einrahmen bzw. vorspringende Terrassendächer ABB. 15 den Himmel oben eingrenzen oder sich ein Gesims- oder Möbelstück vor den Vordergrund einer Bodenfläche schiebt. In Stettlers Universum nehmen Innen- und Aussenwelten zueinander stets Bezug, ja, sie definieren sich als komplementäre Teile ein und derselben Welt, in der Menschen von untergeordneter Bedeutung sind. Denn wie in den Aussenräumen können wir auch in den Interieurs dieselbe Entfremdung der Figuren untereinander und zur Welt feststellen. Selbst in den Cafés und Dancings (wie die Freizeitgelände der Vorstädte eigentliche Orte der Geselligkeit und der sozialen Kontaktpflege) bleiben die Figuren isoliert. Ob als Einzelgestalten oder als Paare, sie stehen oder sitzen in sich gekehrt da. Die Kellner sind an die Ränder oder in den Hintergrund gerückt oder halten sich in einem Nebenraum auf; sie scheinen mehr aus der Deckung heraus zu beobachten als zu bedienen ABB. 4, 8.

Ab 1979 wird das Künstleratelier ein vorherrschendes Thema in Stettlers Interieurbildern. Oft sind darin der Maler und sein Modell zu sehen ABB. 6–7, viele Ateliers bleiben aber menschenleer ABB. 64. Im Gegensatz zu den meisten europäischen Malern, die seit dem 17. Jahrhundert die eigene Werkstatt oder das Atelier eines Maler- oder Bildhauerkollegen zum Bildgegenstand gewählt haben, bildet Stettler kaum je seine eigene Werkstatt ab und setzt sich darin auch nie persönlich in Szene, sondern schafft imaginierte Innenräume, die wie die übrigen Interieurs bühnenartig aufgebaut sind und einen Blick auf eine Wand bieten, in der in der Regel ein grosses Fenster den Ausblick auf eine Aussenwelt bietet oder ein Staffeleibild dieses ersetzt ABB. 64.

Während viele Atelieransichten – vor allem die Grossformate in Öl (wie ABB. 64) – leere Räume wiedergeben, in denen das gemalte Staffeleibild den abwesenden Maler vertritt, fügt Stettler in einer Reihe meist kleinerer Atelierbilder das Motiv des Malers und seines Modells ein. Beide sind, weil weit voneinander entfernt, in ihrer Isoliertheit verdinglicht. Ein in diesem Zusammenhang wiederkehrendes Motiv ist der schwarze zylinderförmige Kanonenofen ABB. 6–8, der über die blosse Zimmerausstattung hinaus eine subjektähnliche Rolle anzunehmen scheint, weil er sich auf den zahlreichen Atelierdarstellungen zwischen Maler und Modell schiebt,[12] dergestalt die Distanz zwischen Subjekt und Objekt versinnbildlichend.

12 Zum Ofen in den Atelierbildern siehe auch A. Chiquet, hier S. 54f.

Die Entfernung des Malers zum Modell führt manchmal sogar bis zum Verschwinden des einen oder anderen, indem mal er als Reflexion in einem Spiegel erscheint (z. B. ABB. 22), mal sie als Abbild auf einem Staffeleibild vergegenständlicht wird ABB. 7.

Läden und Regale

In den frühen 90er-Jahren schlägt sich in Stettlers Interieurs eine neues, reduzierendes Raumempfinden nieder. Die früheren Rauminszenierungen werden aufgegeben und der Fokus auf den Ausschnitt einer Wand- bzw. Fassadenfront gelegt. Die Strenge der Frontalität nehmen die abgebildeten Interieurgegenstände auf, indem sie bildparallel in eine Ebene gerückt und auf regelmässig angeordnete Schäfte und Kästen verteilt werden.

Diese Entwicklung zur Verflachung und strengeren Gliederung läutet Stettler in der Serie von Ladenbildern aus den frühen 1990er-Jahren ein ABB. 61, 65–66, in denen anstelle der früheren Kompositionsmittel der perspektivischen Verkürzung, der Bodenaufsicht sowie der Einschübe rahmender Architekturelemente Darstellungen einer Ladenwand bzw. einer Ladenfassade treten, die weder Raumtiefe noch Durchblicke suchen. Selbst dann, wenn eine geöffnete Tür die Möglichkeit dafür böte, schliessen dahinter die Dunkelheit und die kaum erkennbare Person die flach gehaltene Bildebene jäh ab. Die meisten der Ladenbilder sind streng genommen nicht zu der Gattung der Interieurs zu zählen, weil sie eine Aussenfassade zur Darstellung bringen, sie sind in ihrer Ausschnitthaftigkeit und Flächigkeit aber auch keine eigentlichen Exterieurs. Entweder steht der Betrachter im Laden und blickt zur Fensterwand und zur halb nach aussen geöffneten Tür ABB. 58 oder er ist – wie bei den meisten Ladenbildern – auf der Strasse stehend zu denken. Ungeachtet des Standpunktes bilden Aussen-sicht wie Innensicht eine gemeinsame Ebene, die sich jeder Raumtiefe verschliesst.

Stillleben

Relativ spät im Vergleich zu den anderen Bildgattungen, um 1970 herum, greift Peter Stettler auch das Thema Stillleben auf. Nach den Personen, den Interieurs und den Aussenraumbildern ist dies die vierte Hauptgruppe des Stettler'schen Bilduniversums. Überwiegend in den Jahren von 1971 bis 1987 malt Stettler eine sehr homogene Reihe von Tischarrangements mit wenigen, immer wiederkehrenden Dekorutensilien (Flaschen und Karaffen, Schalen und Gläsern sowie Früchten, seltener auch Gitarren und Mandolinen ABB. 9–11, 13). Abgesehen von einzelnen frühen Kompositionen kombiniert Peter Stettler in seinen Stillleben gegenläufige Perspektivwechsel: Während die Tischplatten gewissermassen hochgeklappt erscheinen, um die darauf gruppierten Gegenstände wie bei einer Aufsicht zu überblicken, werden die Objekte gegen den Bildhintergrund hin von verschiedenen, in einem funktionalen Sinn kaum erklärbaren Flächen abgesetzt. Die gelegentlich um den Tisch und die Platten drapierten Stofftücher verunklären das tektonische Gefüge und Verhältnis der Grundflächen untereinander zusätzlich. Es sind zweifellos kubistische Stillleben eines Braque oder Picasso wie auch manche spätere Stillleben eines Matisse, die Stettler zu solcherart Kombinationen gegensätzlicher Perspektiven und Mehransichtigkeiten bewogen haben. In den Jahren von 1990 bis 1993 indes verschiebt sich der Fokus – analog zu den Laden- und Regalbildern – auch in den Stillleben von den Perspektivwechseln auf eine reduzierte Bildebene. An die Stelle freier Tischarrangements treten frontal gezeigte Vitrinenschränke, in denen die Gegenstände trotz angereicherter Detailfülle auf regelmässig angeordneten Regalböden parallel nebeneinandergereiht werden.

In mehreren Kasten- und Schrankbildern aus den frühen 90er-Jahren erscheint neben anderen Dingen ein Skelett.[13] Deuten sich hier erste gesundheitliche Probleme des Künstlers an? Von 1994 bis 1996 scheint Peter Stettlers Bildproduktion zwischenzeitlich zu einem völligen Erliegen gekommen zu sein. Zumindest sind uns, nach heutigem Kenntnisstand, keine Werke überliefert, die in den Jahren 1994 oder 1995 entstanden wären.[14]

Erst 1996 greift Stettler wieder zum Pinsel, vor allem aber zum schwarzen Kohlestift. Aus dem Jahr 1996 datiert mindestens ein Bild, aus dem nachfolgenden Jahr stammen zehn Werke, aus seinem Todesjahr dann nur noch eins. Der Hiatus der Jahre 1994 und 1995 kommt einer regelrechten Zäsur des Spätwerkes gleich. In seinen letzten Werken zeichnet Stettler wieder Innenräume **ABB. 62** und kehrt dadurch auch wieder zur perspektivischen Wiedergabe zurück. Diese ist nun – wie zuletzt in den Laden-, Vitrinenschrank- und Kastenbildern – jedoch streng frontal und axial ausgerichtet. Die wichtigste Veränderung gegenüber der Früh- und Reifezeit ist aber die, dass sich Stettler wie zuletzt in seiner Kindheit realen Architekturräumen und -körpern zuwendet. Dabei wählt er auch bekannte Gebäude, etwa ein Fachwerkhaus in Troyes **ABB. 59**[15] oder das Strassburger Münster, als Sujets.[16] Diese, aber auch eine Reihe weiterer Spätwerke aus dem Jahr 1997 **ABB. 62–63**, zeugen von feiner Meisterschaft der Strichführung; es entstehen präzise Wiedergaben von Gebäuden, Interieurs bzw. Schränken, in denen aber durch die Anhäufung von Strichen und Schraffuren dem Bild zu einer geradezu melancholischen Stimmung verholfen wird. Beim Fachwerkhaus von Troyes und noch mehr beim Strassburger Münster vermengen sich die Striche, welche die

13 Z. B. auf einer Kohlezeichnung aus dem Jahr 1992, abgebildet in: Dorothea Christ: «Peter Stettler. Erica Schnell Stettler. Eine Künstlerfamilie in Riehen», in: *z'Rieche. Ein heimatliches Jahrbuch* 33, 1993, S. 106. – Das Motiv des Skeletts bzw. Totenschädels taucht auch noch später in Zeichnungen aus dem Jahr 1997 auf (Abb. 63).

14 Der Hiatus der Jahre 1994/95 könnte auch mit der negativen Kritik zusammenhängen, die in der Besprechung von Peter Stettlers Ausstellung in der Galerie Münsterberg am 12. Januar 1993 in der *Basler Zeitung* geäussert wurde: Die Kunstkritikerin Renate Dürst befand, dass Peter Stettler im Vergleich zu seinem Vater Gustav, eine weniger «starke Künstlerpersönlichkeit» sei und bezeichnete das Werk des Sohnes im Gegensatz zum Werk des Vaters als «nur schöne Motivmalerei» mit repetitiven Themenkreisen und «vordergründig Ablesbarem».

15 Die Kohlezeichnung zeigt eines der Fachwerkhäuser aus dem 17. Jahrhundert, vom Marché des Halles in Troyes aus gesehen.

16 Abgebildet in: *Peter Stettler. Ölbilder, Zeichnungen* (Katalog zur Ausstellung im Kunst Raum Riehen, 5. Juni bis 11. Juli 1999), Riehen 1999, S. 63.

Tektonik der Baustruktur andeuten, mit den Regenstrichen zu einer düster schimmernden Gesamtatmosphäre, die die Bauwerke bei aller Präzision der Zeichnung entmaterialisieren. Die singuläre Kohlezeichnung mit der streng frontal wiedergegebenen Fassade des Strassburger Münsters ist als eines der allerletzten Werke Stettlers von besonderer Bedeutung. Stettler knüpft mit ihr bewusst an seine Kindheitsjahre an, in denen er u. a. ebenjene mittelalterliche Kathedrale gewürdigt hat.[17] Robert Schiess erinnert im Katalog der postumen Ausstellung von Peter Stettlers Bildern im Jahr 1999 daran, dass Stettler im Sommer 1998 in seinem Atelier eine private Ausstellung aufbaute, indem er seine Kinderzeichnungen seinen letzten Arbeiten gegenüberstellte:[18] «Peter Stettler verspürte offenbar in jenem Sommer die Notwendigkeit, eine Art zeichnerische Bilanz zu ziehen und sich zu fragen, wohin ihn sein künstlerischer Weg geführt habe». Diese Bilanz sollte gleichzeitig eine Schlussbilanz werden, da Stettler nur wenige Monate später verstarb. Bei der Beerdigung wurden die beiden Bilder in der Abdankungshalle einander gegenübergestellt. Sie markieren somit das künstlerische Lebenscurriculum des Malers und Zeichners, das bereits im Kindsalter eingesetzt hat und an dessen Ende der Künstler zu seinen Wurzeln zurückkehrte. Dazwischen spannt sich der reiche Bilderbogen eines sehr kohärenten und eigenständigen Œuvres, in dessen Verlauf, nicht zuletzt dank der ausgeprägten Selbstreferenzialität des Künstlers, alles seine Folgerichtigkeit hatte.

Fazit: Eigenes Bilduniversum mit rekurrierenden Motiven

Stettler hinterlässt mit seinem Œuvre als Maler, Zeichner und Radierer ein eigenes Bilduniversum, in dem Interieurs und Exterieurs das beherrschende Thema bilden. Beide sind komplementäre Bestandteile einer eigenen Welt. Sie nehmen durch Aus- und Einblicke aufeinander Bezug, setzen sich aber von einer realen Wirklichkeit ab. In diesem Universum nehmen einsame Gestalten in ihrer verdinglichten Präsenz nur einen untergeordneten Raum ein. Sie beleben die Kompositionen folglich nur wenig. Keine Figur verdeutlicht diese Isolierung so oft wie der kleine schwarze Fussgänger mit Regenschirm ABB. 15, 17–18, 60, der sich nicht nur an verregneten Plätzen behauptet, sondern auch in Landschaften bei Sonnenschein seine Berechtigung sucht. Der Schirm versinnbildlicht weniger den Schutz vor atmosphärischen Einwirkungen, er ist recht eigentlich ein Symbol für die Ausgrenzung der Menschen von der Welt.

In den Aussenbildern, in denen der Himmel die meiste Malfläche beansprucht, schweben immer wieder der Mond oder auch ein Ballon, oftmals – vor allem in kleineren Formaten – sind sie aufgrund ihres Scheibenformats nicht immer klar voneinander zu trennen. Im Grenzbereich zwischen Siedlungsfläche und

17 Diese Kinderzeichnung vom Strassburger Münster hat sich, hinter Glas gerahmt, noch mindestens bis zur Auflösung des Haushaltes und Nachlasses erhalten, wie ein Foto im Nachlasskatalog zeigt. Es war damals im Estrich des Hauses an der Paradiesstrasse deponiert. Es ist zu befürchten, dass dieses Werk von den Nachlassverwaltern aus Unkenntnis der Bedeutung, die diese Kinderzeichnung für Peter Stettler hatte, entsorgt wurde, zusammen mit weiteren Kunstwerken von Peter und Erica Stettler, Gustav Stettler sowie einigen anderen Kunstschaffenden.

18 Robert Schiess in: *Peter Stettler. Ölbilder, Zeichnungen* (Katalog zur Ausstellung im Kunst Raum Riehen, 5. Juni bis 11. Juli 1999), Riehen 1999, S. 3.

Luftraum finden die Himmelsscheiben ihre formale Entsprechung in den Rädern, die je nach Kontext mal als Riesenrad, Windrad oder als das Rad eines Förderturms gesehen werden können. Eine genaue funktionale Zuweisung lässt sich nie eindeutig vornehmen und die Suche danach wäre auch nicht sinnfällig. Stettler verwendet die Form der Scheibe bzw. Kugel als wichtigen kompositorischen Kontrapunkt zum ansonsten leeren Himmel bzw. zu den schrägen, horizontalen bzw. waagrechten Linien der Wände, des Gebälks oder der Fenster. Dieselben Aufgaben übernehmen auch die Scheiben in der oberen Fensterumrandung im grossen Ölbild *Vorstadtcafé Ausblick* **ABB. 60**. Die formale Qualität der Scheiben/Kugeln ist wichtiger als deren möglicher Deutungsgehalt: Sie können je nach Kontext eine Lampe, einen aufgehängten Sonnenhut, eine Schale oder einen Teller meinen.

Neben diesen wiederkehrenden Gegenständen gäbe es noch weitere, die hier aber nicht weiter ausgeführt werden sollen. Sie sind aber allesamt Bestandteile eines eigenen Universums, in dem Stettler stets das Spiel der offenen Möglichkeiten und einkalkulierten Ambivalenzen einsetzt. Dank der Erarbeitung einer eigenen Malweise und der Entwicklung eines ihm eigenen Repertoires schafft sich Stettler ein eigenes Bilduniversum und befreit sich aus der anfänglichen Abhängigkeit vom Werk des Vaters. Sein künstlerischer Weg, seine Fähigkeit, aus inneren Welten zu schöpfen, und die darauf beruhende Selbstreferenzialität seines Schaffens befähigten ihn zu einem Werk, dessen Qualitäten gerade in den vielen Ambivalenzen begründet liegen – zu einem Werk, das statt Offensichtlichkeit Geheimnis sucht, statt Extrovertiertheit Innerlichkeit, statt lärmiger Gestik Ruhe und Distanz.

Andreas Chiquet

Peter Stettlers Malerei

Malerisch stammt Stettler zunächst aus der Tradition der Basler Graumaler,[1] also jener Künstler, die den spektakulären und als solchen reizvollen Motiven das Alltägliche, Unscheinbare und Gewöhnliche vorziehen und sich eine Beschönigung der Realität versagen. Thematisch pflegt Stettler zeitlebens die klassischen Gattungen Stillleben, Interieur, Landschaft und Porträt. Allein die eigenwillige Verschränkung derselben zeigt jedoch, dass er völlig eigenständige Bildkonzepte entwickelt, mit denen er gegenüber regionalen Künstlern seiner eigenen oder der vorausgehenden Generation eine unabhängige und unverwechselbare Position markiert. Es wird zu zeigen sein, wie Stettler sich auf eigene, intelligente Weise von einer konventionellen Raum- und Bildauffassung verabschiedet, ohne dazu den Sprung in die Gegenstandslosigkeit oder einen forcierten eigenwilligen Stil zu bemühen.

Komposition

Stettlers Bildräume sind oft bildrandparallel angelegt, was ihnen eine moderne Flächigkeit verleiht, am deutlichsten zu sehen bei den Ladenfassaden der 90er-Jahre ABB. 58, 61, 64–66. Eine auffällige Ausnahme ist das frühe Interieur *Schlafender* ABB 21.

Der Blick wird über das Repoussoir[2] des Tischchens am linken Bildrand über den Riemenboden zum Bett des Schlafenden und im fortgesetzten Zickzack über die Achse des Bettes durch die offene Tür in den Flur, dort wiederum nach rechts und nochmals nach links durch einen schmalen Lichtschlitz in den nächsten, nur durch das helle warme Licht charakterisierten Raum geführt. Ausser einem angedeuteten Bild im Bild ist die Raumflucht gegenständlich nicht weiter definiert, der Schlafende erhält eine wunderbar entrückte, unantastbare Präsenz, obschon dieser Bildraum durchaus noch begehbar erscheint. Solche Übereckdarstellung vermeidet Stettler zusehends – am radikalsten in den späten Ladenbildern.

Stettlers zunehmende Parallelisierung der horizontalen Raumkanten mit den Bildkanten macht aus dem Bild eine Guckkastenbühne. Fenster schaffen oft ein zweites, bildimmanentes Framing ABB. 18, 58, 60, das uns durch das Interieur ins

1 Wie sich der Begriff der Basler ‹Graumaler› eingebürgert hat, liess sich bisher nicht genau eruieren. Immerhin ist er 1945 bereits so weit etabliert, dass das Kunstmuseum Luzern unter diesem Begriff im Titel *Jüngere Basler Maler (Graumaler)* eine Ausstellung mit fünf Basler Künstlern (Karl Glatt, Max Kämpf, Walter Schneider, Gustav Stettler, Paul Stöckli) ausrichten konnte. Zwei Jahre später veröffentlicht die Basler Kunsthistorikerin Maria Netter den Artikel «Die ‹Graumaler›. Eine Gruppe der jüngsten Basler Künstlergeneration», in: *Das Werk: Architektur und Kunst* 1947, Band 34, Heft 5, S. 169–176. Das deutlich über die genannten Künstler hinaus zu beobachtende Phänomen harrt einer tiefergehenden Untersuchung, ist es doch bereits in der vorausgehenden Generation (z. B. Fritz Baumann, Alexander Zschokke und Niklaus Stöcklin) sowie in den 1960er-Jahren bei Basler Pionieren des Informel (z. B. Niklaus Hasenböhler, Lenz Klotz, Werner von Mutzenbecher und Marcel Schaffner) zu beobachten. Zitiert nach: Invar-Torre Hollaus: «Tilly Keiser. Überleben mit Malerei», in: *Tilly Keiser. Trotzig Träumend,* Basel 2023.

2 Mit diesem Begriff werden Motive im Bildvordergrund bezeichnet. Das Repoussoir dient dazu, den Betrachterstandort zu charakterisieren und die Raumillusion zu eröffnen.

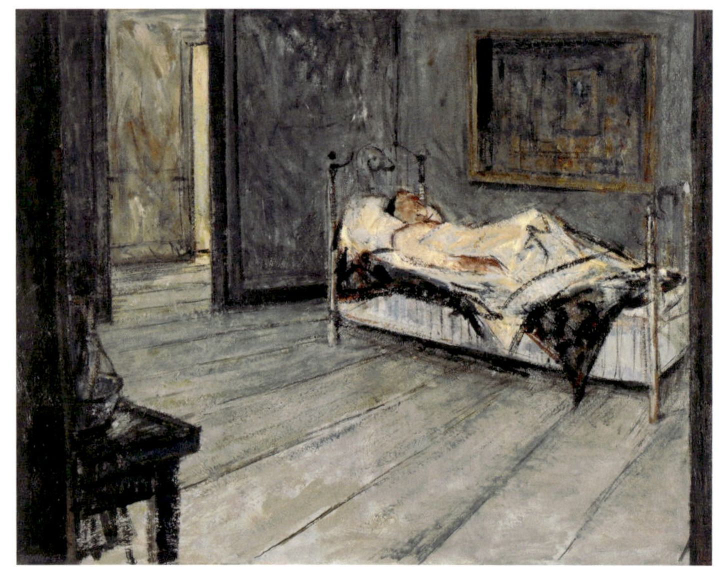

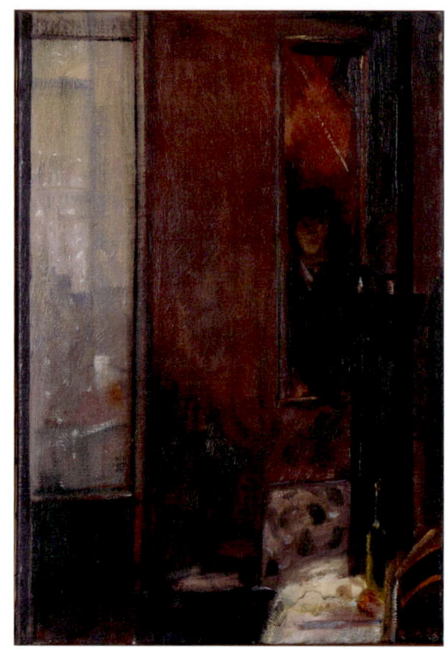

ABB. 21 ↑
Schlafender, 1963,
Öl auf Leinwand, 100 × 130 cm
Bis 2019 im Nachlass, jetziger Besitzer unbekannt

ABB. 22 ↗
Der Spiegel, 1993
Öl auf Leinwand, 49,3 × 35 cm,
ARK Basel

Exterieur oder – im Fall von Spiegeln in den hinter dem Betrachter liegenden Raum führt **ABB. 22**. Im Atelier stehende Bilder bieten eine zweite Ansicht des anwesenden Modells oder verweisen auf externe Räume, die Akteure der Szene werden damit oft in eine nicht überbrückbare Ferne gerückt. Mit dem Repoussoir wird allerdings nicht nur das Dargestellte in die Tiefe, sondern auch der Betrachter in den Betrachterraum zurückgestossen: Er steht im realen Raum vor einem Guckkasten, einem Schauraum. Umso mehr, als darin szenisch nichts geschieht, steht er vor einem Schauplatz realisierter Malerei. Vergleicht man die von Stettler gemalten Wände mit den realen Wänden, an denen die Bilder hängen, so wird deutlich, was damit gemeint ist: Welche Leere, welche Belanglosigkeit zeigt sich neben dem Bild durch den Vergleich mit dem Bild! Malerei zelebriert sich selbst als Schein, als Zauber der Verwandlung. «Malerei kann ihr Sujet nur ‹beseelen› und offenbaren, indem sie es verschleiert. [...] Die Farbe verschlingt das Aussehen.»[3]

Wenn es mehr um das *Was* als um das *Wie* geht, mehr um die Malerei als um deren Inhalt – weshalb erliegt Stettler dann nie der Versuchung einer gegenstandslosen Malerei, dem zu seiner Wirkungszeit dominanten abstrakten Expressionismus? Bleibt er wie sein konservativer Vater Konventionen, erzählerischen Traditionen verhaftet? Hätte er den Schritt doch leicht zu leisten vermocht: Tatsächlich bewegt er sich innerhalb seiner Bilder äusserst gewandt an der Grenze zu diesem konsequent vermiedenen Schritt, am deutlichsten lesbar etwa in der *Schreinerei* **ABB. 23**. Die grosszügigen «brush-strokes» lassen sich nur ausnahmsweise mit einem möglichen Referenzgegenstand identifizieren, der Bildtitel *Schreinerei* ist irreführend eindeutig. Der halbwegs hinter dem Ladentisch stehende und vergleichsweise konventionell gemalte untätige Handwerker wirkt, als sei er der Conférencier eines für ihn nicht zugänglichen malerischen Ereignisses. Angesichts der sonderbaren Eigenwilligkeit und Konsequenz seiner konservativen Themenwahl darf vermutet werden, dass Stettler nicht aus mutloser

3 Nach Georges Didi-Hubermann: *Die leibhaftige Malerei,* München 2002, S. 128.

ABB. 23
Die Schreinerei, 1992
Öl auf Leinwand, 120 × 135 cm
Privatbesitz Basel, P. Berlepsch

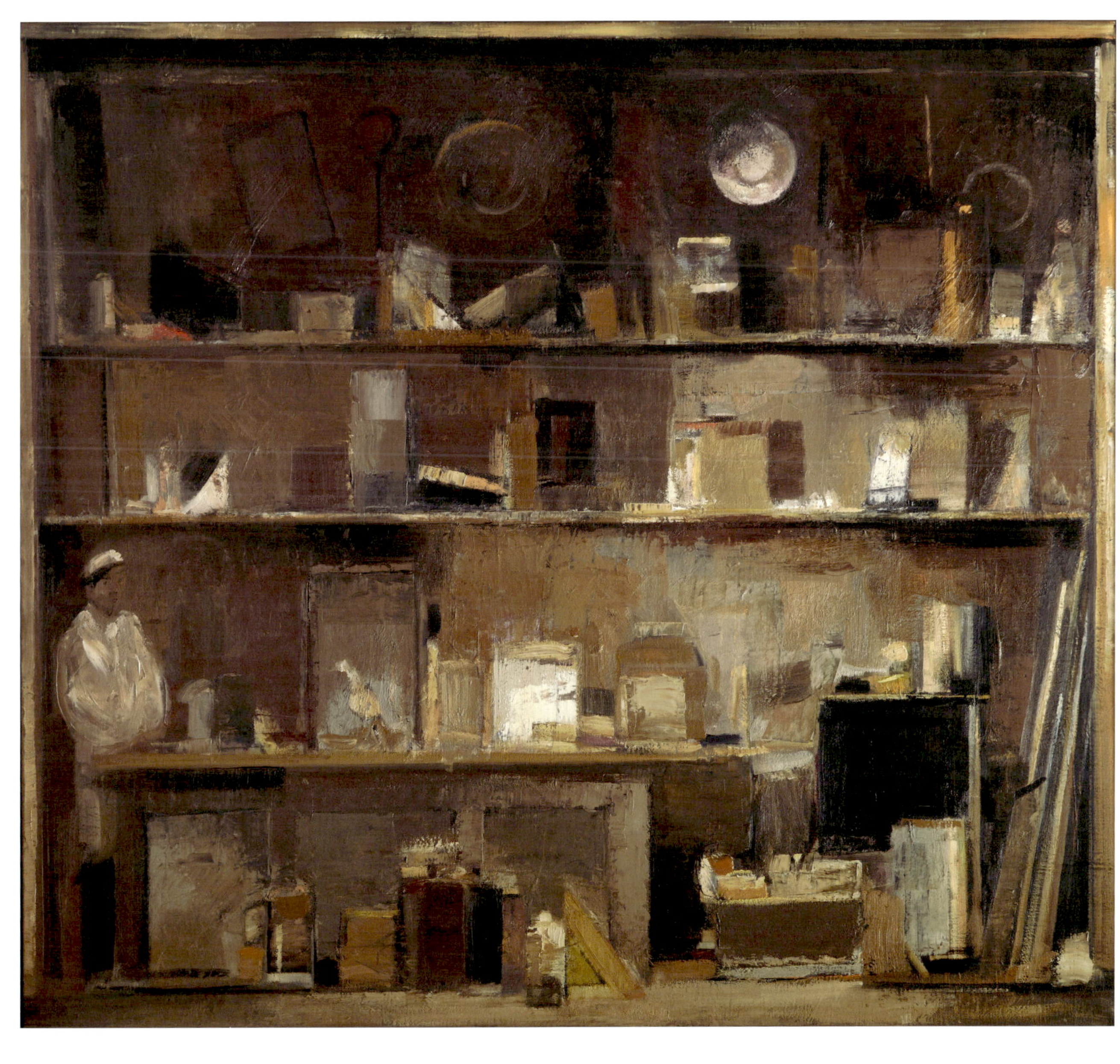

Konvention auf der Gegenständlichkeit beharrt, sondern gute Gründe dafür hat. Er sucht und feiert Malerei als Erscheinung, als poetische Verwandlung der trivialen Gegebenheiten. Statt naturalistischer Illusion erzeugt er eine noble, ästhetische Distanz, in der Malerei immer als solche und dank der erhaltenen Gegenständlichkeit gleichzeitig als Umsetzung derselben erkennbar bleibt. Eine Malerei, die gesteht, reiner Schein zu sein. Die krude physische Präsenz einer pastosen, ungegenständlichen und solipsistischen Malerei, wie sie sich in den 50er-Jahren als Mainstream durchsetzte, hätte vermutlich Stettlers Ansprüchen an ein differenziertes humanes Weltverhältnis nicht genügen können. Welches Verhältnis zur Welt und zum Menschen lässt sich aus seinem Werk herauslesen?

Verschränkung der Motive

Stettlers Bildräume – *camera* und *piazza* in einem – sind oft durch einen Fenster- oder Verandaausblick miteinander verbunden, das Interieur wird immer wieder zur Ouvertüre des Exterieurs. An den Bildrändern platzierte Figuren blicken jedoch nicht in die Tiefe, sondern durch die Bildebene zurück, den Raum der Betrachtenden mitevozierend ABB. 1, 23. Die Innen- und Aussenräume sind breit, weit und leer gehalten, offene, ereignisarme Schaubühnen.

Im Barock entwickelt sich das Stillleben zu jener Gattung, in der sich am freiesten experimentieren lässt: Auf Gesimsen und Tischen lassen sich unendlich viele Arrangements ästhetischer und symbolischer Elemente durchspielen. Stettler verfährt ähnlich mit dem Interieur: Er baut für seine Schrank- und Ladenbilder Modelle, die er eigens einrichtet und beleuchtet. Auch im Hinblick auf die Landschaften war Stettler kein Pleinairist. Er malt nicht mit der Staffelei im freien Feld; die Werke entstehen im Atelier. Die Bilder der Aussenräume sind ebenso sorgsam konzipiert wie seine Interieurs. Bezeichnenderweise handelt es sich durchwegs um urbane, vom Menschen gestaltete Orte, Industrielandschaften und unspektakuläre, aber grossräumige städtische Situationen, die den Einzelnen klein erscheinen lassen. Stettler erfindet die Stadtlandschaften vermutlich genauso, wie er ein Stillleben und seine Interieurs arrangiert. Er ist der Szenograph, der das Bühnenbild entwirft und Regie führt, falls überhaupt Akteure ins Spiel kommen sollen. Es gibt aber kaum grosse Auftritte. Die Figuren des Vordergrunds sind ausnahmslos statisch. Bewegte Menschen zeigen sich höchstens im Mittelgrund: als gesichtslos vorbeihuschende Staffagefiguren, häufig unter einem Regenschirm, die zu einem vertrauten Topos der Unbehaustheit werden. Häuslich belebte Szenen fehlen aber auch in den Innenräumen, selbst die schwarz-weissen Brautpaare stehen unbewegt und verfremdet im leeren

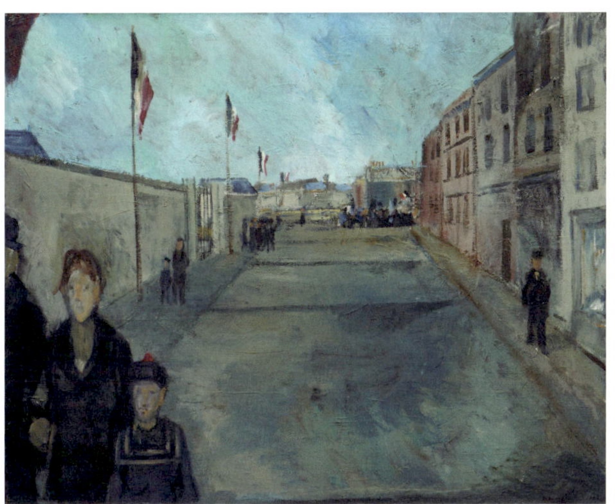

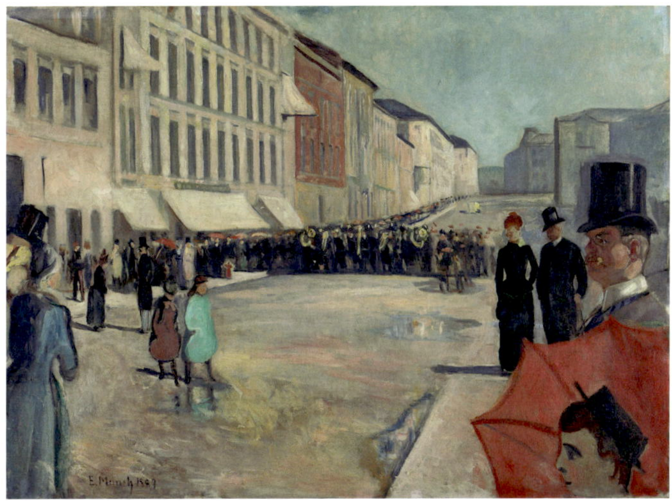

Tanzsaal. Stettler zelebriert das Interieur nie als Zufluchtsstätte oder Wohlfühlzone. Fremdheit und Vereinzelung kulminieren in den Ladenbildern der 90er-Jahre: Ausgerechnet jene Personen, die als Vermittlerinnen des Angebots fungieren müssten, treten nicht in Szene, sondern verbergen sich halbwegs hinter dem Rahmen der offen stehenden Tür. So entschieden und repetitiv, wie Stettler die Aufmerksamkeit steuert und gleichzeitig enttäuscht, darf auch gefragt werden, was er uns damit zu verstehen geben will. Handelt es sich bei den Verkäufern, ähnlich wie auch bei den Kellnern, um Sinnbilder seines Selbstverständnisses als Künstler, der sich niemandem aufdrängen will?

ABB. 24 ↖
14 Juillet 62, 1962,
Öl auf Leinwand, 100 × 125 cm,
Privatbesitz Muttenz, B. und D. Schweizer

ABB. 25 ↑
Edvard Munch, *Musik auf der Karl Johan Strasse,* 1889,
Öl auf Leinwand, 102 × 141,5 cm,
Kunsthaus Zürich

Szenerien des Aneinandervorbeilebens

Intime Genreszenen fehlen in Stettlers Werk. Auch die Ateliers sind als spartanisch-einsamer Arbeitsort charakterisiert. Cafés und Tanzsäle erscheinen entgegen ihrer öffentlichen Zugänglichkeit kahl und leer. Die Figuren wirken auch im Innenraum ausgesetzt – die Innenräume sind so leer, dass auch sie als Aussenraum der darin verlorenen Figuren wirken. Stettlers Stadtlandschaften sind oft aus der Perspektive der in Frankreich beliebten architektonisch provisorischen Strassencafés gesehen, in der Fussgängerzone eingerichtet, aber dennoch abgeschirmt durch Scheiben und Plastikfolien. Das Weder-noch von innen und aussen **ABB. 15, 17–18, 59–60** ist wie geschaffen für Stettlers Repräsentation der Unbehaustheit. Im Innern nicht wirklich zu Hause, bleibt er auch im öffentlichen Raum kontaktloser, distanzierter Zuschauer. «In welches Draußen könnte man fliehen? In welchem Asyl könnte man sich bergen? Der Raum ist nur ein einziges *fürchterliches Drinnen-und-Draußen.*» [4]

Die Figur als solche ist nicht Stettlers Stärke, obschon er das Figurative als Zeichner und Lehrer perfekt beherrscht **ABB. 62–63**. Stilistisch bewegt er sich zunächst in den Spuren des Vaters, vermeidet aber als Maler zusehends die körperhafte Präsenz der Figuren, ebenso die nahe Konfrontation und Identifizierbarkeit im Porträt.[5] Die in der Regel schmächtigen Figuren nehmen wenig Raum ein.

4 Gaston Bachelard: *Poetik des Raumes,* 5. Auflage, Frankfurt am Main 1999, S. 215. Bachelard bezieht sich seinerseits zitierend auf das Gedicht «Der Raum der Schatten» von Henri Michaux.

5 Die mit Peter Stettler eng befreundete Künstlerin Ursula Salathé sagt, der Porträtist sei der Vater Gustav gewesen, weshalb sie ihre Kinder von diesem und nicht von Peter malen liess (Gespräch vom 25.1.2024).

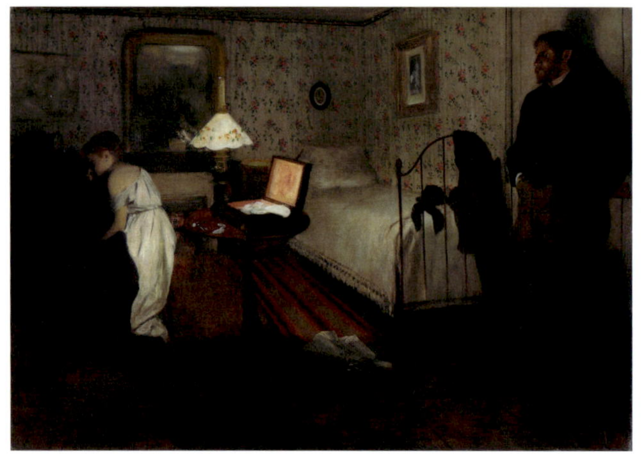

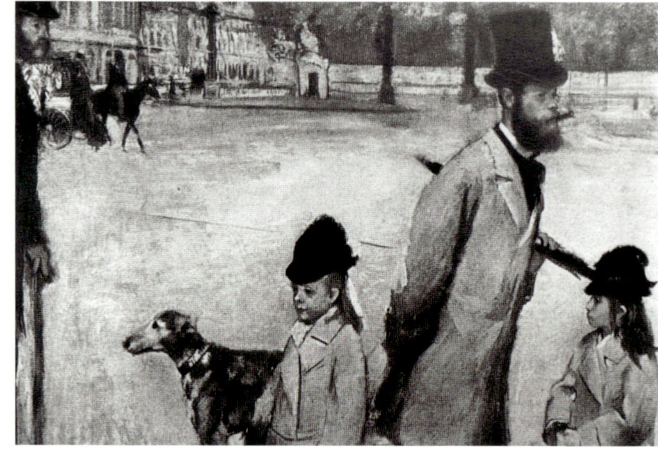

ABB. 26 ↑
Edgar Degas, *Intérieur,* auch: *Le viol,* um 1868/69, Öl auf Leinwand, 81 × 116 cm, Philadelphia Museum of Art

ABB. 27 ↗
Edgar Degas, *Place de la Concorde, Graf Lepic mit seinen Töchtern und Hund,*[7] 1875–1877, 79 × 118 cm, ehem. Sammlung Gerstenberg Berlin, heute verschollen

An den Bildrand gedrängt oder halbwegs hinter Ladentüren verborgen, inszeniert Stettler sein Personal als gesichtslose, flüchtige Erscheinungen, nicht dazu angetan, als Individuen erinnerlich zu bleiben **ABB. 1, 3–4, 16, 65–66**. Typologisch stabilisiert sich das Rollenrepertoire auf Passanten, einsame Nachtclub-, Bistro- oder Kaffeehausgäste, Kellner sowie den hinter ihren Ladenfassaden schier unsichtbaren Verkäuferinnen – und immer wieder: den Künstler und sein Aktmodell. Auch die Akte erscheinen, zumindest in späteren Werken, als Phantome, entrückt, unverfügbar, ohne jede klischierte Attitüde oder erotisches Aufreizen. Auch wo es um Passantinnen geht: kein Kokettieren mit dem so französischen erotischen Fantasieren ungelebter Paradiese.[6] Die Paare in den Tanzsälen tanzen nicht wirklich, eher stehen sie unschlüssig und unbeholfen still. Das einzig vielfigurig bewegte Bild **ABB. 14** malt er zweimal. Indem es ein abgründig goyaeskes Maskentheater vor apokalyptischem Hintergrund zeigt, bestätigt es als Ausreisser die Regel: Was Stettler malt, malt er angesichts einer immensen Leere, eingedenk seiner Nichtigkeit, möglicherweise auch des drohenden Nichts. Die stabilen inszenatorischen Eigenheiten Stettlers deuten auf eine entsprechend kohärente Psychologik seiner Weltwahrnehmung hin.

Was Stettler ähnlich wie Munch als Anonymität der Grossstadt festhält, diagnostiziert Edgar Degas auch in intimen Szenen und – ebenso gravierend – bis in die familiäre «Intimität».[7] **ABB. 26–27**

Die letztlich unüberbrückbare Urdistanz zwischen Ich und Du, zwischen Subjekt und Objekt, und die elementare Einsamkeit des Menschen sind allesamt Themen, die Alberto Giacometti ein Leben lang visuell zu fassen versuchte. So auch Peter Stettler, wenngleich er es auf andere Weise tut.[8] Giacometti versucht das Unfassbare in der forcierten und frontalen Konfrontation zu realisieren. Stettler hält sich hingegen beklommen zurück, als Beobachter leerer Schauplätze und stummer Vereinzelung, aus dem Abseits. Möglicherweise weicht er auch aus oder erkennt die Unlösbarkeit von Giacomettis Problemstellung – zumindest für sich selbst.

6 Exemplarisch in Charles Baudelaires Gedicht «A une passante».

7 Die in Degas' Bildern oft elegant verborgene Abgründigkeit gesteht dieser in einem programmatischen Satz: «Ein Bild zu malen erfordert genausoviel Gaunerei, Bosheit und Lasterhaftigkeit wie die Vorbereitung eines Verbrechens.» Aus: Max Raphael: *Wie will ein Kunstwerk gesehen sein?,* Frankfurt am Main 1984, S. 75. Peter Stettler muss Edgar Degas sehr geschätzt haben. Der mit Stettler gut befreundete Maler und Lehrerkollege Andreas His (1928–2011) sandte aus Paris viele Degas-Kunstpostkarten an Stettler (Doris und Claudia His im Gespräch mit Iris Kretzschmar, 1.2.2024.)

8 Giacometti blieb in den Augen Stettlers zeitlebens eine unanfechtbare Grösse. Daneben schätzte er auch Auberjonois, Morandi, Matisse und Beckmann. Bei Letzterem störte ihn die gewaltsame Seite, an Matisse bewunderte er die Kühnheit. Die Hinweise der verschiedenen Interviewpartner stimmen überein – die differenziertesten Auskünfte ergaben sich im Gespräch mit seinem Künstler- und Lehrerkollegen Hans-Ruedi Zimmerli (*1941).

Malerei als Malerei

Annemarie Monteil schreibt in einer Ausstellungsbesprechung: «Die Farben sind dunkel, aber über dem Schattigen geistert fahles Weiss, das dann ins winterlich flimmernde Licht des Fensters übergeht. Die Stille in diesen Bildern hat etwas Verzehrendes. Man spürt des Malers eigene Faszination, der zu seinem Motiv sagt: ‹Innenraum gibt eigentlich Geborgenheit – und man ist doch so allein›.»[9]

Bereits in der frühen Werkentwicklung lässt sich ein Übergang vom opak pastosen Farbauftrag zur lichten Transparenz beobachten. Die Palette hellt sich mit der Zeit auf, wird nuancenreicher, aber nie bunt. Was gegenständlich monochrom ist, bringt Stettler durch Variationen des Grundtons in ein vibrierendes Oszillieren, das Feste gerät ins Schwanken, es vereint sich mit Licht und Luft in eine gemeinsame Schwingung, ohne dass die strenge Komposition und die in der Regel kräftigen Hell-Dunkel-Intervalle aufgegeben werden.

Parallel zum gegenständlichen und figürlichen Sujet realisiert sich stets ein abstraktes Thema: Es geht um das, was die Malerei als solche zusammenhält. Zunehmend greift Stettler dazu das Stilmittel der Modulation[10] auf, das bereits Vermeer exemplifiziert und auf das auch Cézanne immer wieder zu sprechen kommt. In einigen Bildern wird dies unmittelbar lesbar an verschiedenen kleinen gelben, roten und blauen Strichen oder Flecken, die teils auch ohne gegenständliche Motivation in die Bildfläche gesetzt werden ABB. 8. Über verschiedenste Brechungen und unter Beimischung von Schwarz und Weiss werden diese ineinander vermittelt zu einer reich instrumentierten Harmonie. Grautöne behalten dabei oft das Primat, als böte gerade dieser Farbbereich die grösste Herausforderung zur Belebung des Belanglosen: der Mauern und eintönigen Zimmerwände, des Asphalts, der Scheiben und Wände, der Pfützen, die, malerisch verzaubert, auch für den mit gesenktem Blick unter dem Regenschirm Gehenden den Himmel aufblitzen lassen.

Das Bild als atmosphärischer Raum

Stettler sucht das Weite. Der Himmel ist ein wesentliches Motiv in seinen Bildern. Dieser beginnt nicht irgendwo in weiter Ferne oder hoch oben, sondern er füllt den Raum, er reicht bis zu uns, sind wir doch im Freien mit dem ganzen Körper im Himmel drin – auf der Erde hingegen nur mit den Schuhsohlen. Stettler feiert über alle Gegenständlichkeiten hinweg die Gegenwart des Unermesslichen, vergleichbar mit Giuseppe Ungarettis kürzestem Gedicht *M'illumino / d'immenso*[11] – das Licht bricht durch die offenen Schleusen der Fenster ABB. 58, «das All nimmt Wohnung in seinem Haus».[12]

9 Annemarie Monteil: «Bodenacker in Liestal [?]: E. Schnell und P. Stettler», in: *Basler Zeitung,* 13. Oktober 1983.

10 Cézanne sagt, man solle «nicht modellieren sondern modulieren», womit er gleichzeitig durch den Verzicht auf Raumillusion eine Flächigkeit des Bildes postuliert und dem malerischen Prozess eine autonome abstrakt-musikalische Gesetzmässigkeit attestiert, «eine Harmonie parallel zur Natur» in: Walter Hess, *Dokumente zum Verständnis der modernen Malerei,* Hamburg 1956 S. 18f.. Mit dem Begriff der Modulation übernimmt Cézanne jenen Begriff aus der Musiktheorie, der den Übergang von einer Tonart in eine andere bezeichnet.

11 Was als Titel erscheint, ist bereits das vollständige Gedicht. Sein kürzestes und berühmtestes Gedicht schrieb Giuseppe Ungaretti (1888–1970) 1917.

12 Gaston Bachelard: *Poetik des Raumes,* 5. Auflage, Frankfurt am Main 1999, S. 71.

Dagegen belässt Stettler in seinen Landschaften auch das Allernächste in unscharfer Ausführung. Er führt uns darüber hinweg in ein umfassend Atmosphärisches, mindestens so sehr in die Höhe wie in die Tiefe, sei es durch tief liegende Horizonte oder durch das Hochformat. Letzteres wird oft als Bild im Bild durch hohe Fenster gegeben.[13] Bisweilen markiert er die Intention durch gegenständliche Setzungen, Baumstämme, Fahnen, Schlote, Windräder, ein Riesenrad oder hoch aufgestiegene Ballons.

Seit der Entwicklung der wissenschaftlichen Perspektive wird die Verkürzung in der Vertikalen weitgehend vernachlässigt bzw. ignoriert: Was im realen Raum senkrecht steht, wird seit der Renaissance im Bild auch senkrecht wiedergegeben. Zumindest gegenüber sehr hohen Körpern wie Türmen oder Wolkenkratzern müsste jedoch auch ein in der Höhe liegender Fluchtpunkt berücksichtigt werden, in dem sich die Kanten eines dargestellten Objekts kreuzen. Dass Stettler dies genau wusste, zeigt sich darin, dass er in etlichen Werken geradezu das Gegenteil realisiert: Die Fluchtlinien laufen in der Höhe auseinander, was den Raum gegen oben hin massiv ausweitet ABB. 14, 16. Der Raum wird weit, ein Raum zum Atmen, aber weitgehend menschenleer. Gegen den Boden hin betont er dagegen oft übermässig das Zusammenlaufen der Tischbeinchen ABB. 11, was, da und dort gekoppelt mit einer starken Aufsicht auf das Tischblatt, den Eindruck erweckt, man schwebe *über* dem Möbel.

In der Blickachse vermeidet Stettler Raumschranken. Die Fenstersprossen sind auffallend schlank. Oft stehen die Fenster offen. Auch so wird zwischen innen und aussen vermittelt. Spiegel schaffen ein Ineinander von vorn und hinten und erweitern selbst im Innenraum das Blickfeld auf ungeahnte Weise: Der im Guckkasten des Bildgevierts sichtbare Raum verweist auch auf seine Fortsetzung diesseits der Bildfläche. Wir sind nicht nur vor einem Raum der Anschauung, sondern scheinen uns auch in diesem zu befinden – ein eleganter rhetorischer Kniff, den Gebildeten unter den Malern seit Jahrhunderten geläufig.

Stettlers Bildwelten sind nicht als begehbare Welten, sondern als Räume des Schauens zu verstehen. Die Innenräume sind ausgeräumt. Die Aussenräume sind leer. Es gibt kein gelobtes Land hinter den blauen Bergen. Die Örtlichkeiten sind provinziell oder peripher. Umso mehr wird die Bildwirkung durch formale Prinzipien geprägt – zur Vertikale pflegt er zunehmend ein quasireligiöses Verhältnis. Holt er in der strengen Gestaltung gar radikale Erfahrungen und Positionen wie die eines Barnett Newman in den sichtbaren Alltagsraum zurück? Es wäre ihm zuzutrauen.

13 Das Hochformat ist für die Landschaft ungewöhnlich. Stettler hat sich auch darüber geäussert: es sei wegen der grossen Himmelsfläche schwieriger zu bewältigen (Gespräch von Iris Kretzschmar und Tomas Lochman mit Peter Olpe am 28.12.2023).

Stettlers Orientierungsgrössen

Inwiefern Peter Stettler die Entwicklungen der zeitgenössischen Kunst rezipiert und seine eigenen Produktion reflektiert, bleibt offen; aus den zahllosen Interviews liessen sich keine entsprechenden Hinweise gewinnen. Neben den oben genannten Vorbildern lassen sich aber aus dem Werk selbst Parallelen zum Werk anderer Maler eruieren. Bonnard und Vuillard dürften dazugehören. Vermutlich auch Oskar Schlemmer, dessen in seinem letzten Lebensjahr entstandenen Fensterbilder erstmals 1988 im Kunstmuseum Basel zu sehen waren.[14]

Sollten sich derlei Annäherungen vollzogen haben, dann handelt es sich eher um eine Aneignung der Methode und nicht des äusseren Erscheinungsbilds der Werke. Methodisch mit Schlemmer vergleichbar sind der Umgang mit dem Verhältnis von Raum und Bildfläche sowie die Aufhebung des illusionistischen Bildraums zugunsten einer sichtbar gemalten Oberfläche als oszillierender Membran der Erscheinung.

Schachteln, Schränke, Schaufenster – Verschränkung von Bildträger und Bildmotiv

Peter Stettler bezeichnet weit über 200 Streichholz- und Zigarettenschachteln und im Werkverzeichnis figurieren aktuell 16 bemalte Zigarrenkistchen.
Im letzten Lebensjahrzehnt porträtiert er Vitrinenschränke, gestaltet an Louise Nevelson und Cy Twombly erinnernde weiss übertünchte Kastenreliefs, inszeniert Ladenräume in Modellform und malt schliesslich die grosse Serie der Schaufenster- oder Ladenbilder. Diese sonderbaren Konstellationen, in denen der Gegenstand zum Bild wird und andererseits als Bildträger zum symbolischen Subtext, darf nicht unbesprochen bleiben. In seinem Buch *Poetik des Raumes* widmet der französische Philosoph und Literaturwissenschaftler Gaston Bachelard der Gegenstandsfamilie von Schubladen, Truhen und Schränken ein bezauberndes Kapitel. Ein kurzer Streifzug durch den Text macht die Assoziation zu Stettlers entsprechender Werkgruppe evident. Bachelard spricht von der Intimität, mit der Schubladen und Truhen verbündet seien, «verbündet mit allen Verstecken, wo der Mensch, der große Träumer von Schloss und Riegel, seine Geheimnisse einschließt oder verbirgt».[15] Der Dichter könne dem Bild eines Schrankes sein ganzes Sein anvertrauen, das Bild stifte Sein, Schränke hätten einen unergründlichen Vorrat von Innerlichkeitsträumen. «Der Innenraum des Schrankes ist Intimitätsraum, ein Raum, der sich nicht jedem Beliebigen auftut.»[16] Ein Schmuckkästchen repräsentiert die Psyche eines verschlossenen Wesens. Jede Erinnerung, so Bachelard, sei in ein kleines Kästchen eingelassen: «Die reine Erinnerung, das Bild, das uns allein gehört, wollen wir nicht mitteilen [...] ihr Wesen gehört uns, wir werden nie alles davon sagen wollen.»[17]

14 Oskar Schlemmer malte im Frühsommer 1942 18 Fensterbilder ausgehend von Beobachtungen, die er aus seiner Wuppertaler Wohnung durch die Fenster des gegenüberliegenden Hauses machte. Die briefbogengrossen Papiere verblieben nach Schlemmers Tod im Besitz der Erben und befinden sich als Dauerleihgabe im Kupferstichkabinett des Kunstmuseum Basel, wo sie 1988 zum 100. Geburtstag des Malers erstmals öffentlich gezeigt wurden. Die Ausstellung galt unter Kennern als Sensation. Stettler dürfte sie auch gesehen haben. Auffälliges Kennzeichen der Werke seines letzten Lebensjahrzehnts ist die zunehmend konsequente Bildrandparallelität seiner Kompositionen. (Siehe Reinhold Hohl: *Oskar Schlemmer. Die Fensterbilder*, Frankfurt am Main 1988.)

15 Gaston Bachelard: Poetik des Raumes, Frankfurt am Main, 5. Aufl. 1999, S. 90

16 Ebd., S. 94,

17 Ebd., S. 99.

Die Ausführungen über das Zeigen als Verbergen, über das poetisch beredte Schweigen passen zum Wesen Peter Stettlers, wie wir es kennenlernten. Hinzuzufügen bleibt, dass die Streichholz- und Zigarettenschachteln sowie die Zigarrenkistchen, die Stettler als Malgrund verwendet, keine Verheissungen bergen. Sie sind leer. Man sieht beim Öffnen auf den kahlen Grund; was sie einst als Versprechen boten, ist verbrannt.

Das Ineinander von Interieur und Exterieur: die Ladenbilder als letzte Bildgedanken

Pariser Strassenzüge und Hausfassaden wurden unendlich oft gemalt, so auch von Stettlers Freund Andreas His.[18] Stettler zieht daraus jedoch mit auffälliger Konsequenz eine eigene Werkgattung: die Ladenbilder ABB. 58, 61, 65–66. Streng konzipiert wie nie zuvor, malerisch verfeinert, vibrierend, luzid auch im Dunkeln. Der Raum vor der Ladenfassade ist eng, schmaler als der Gehsteig, man scheint unmittelbar davor zu stehen – die bildparallele Fassade fällt fast mit der Bildfläche zusammen. Das Draussen ist das Gewisse, keiner detaillierteren Darstellung wert, das Drinnen ist das Ungewisse, eine «Nacht ohne Gegenstände».[19] Die Fenster werden hier umgekehrt von aussen nach innen gesehen: Das Innere aber bleibt im Dunkeln. Selbst wenn ein Raum von innen gesehen mit Tageslicht erfüllt ist, erscheinen von aussen gesehen die Scheiben schwarz – soweit sie nicht Helles aus dem Aussenraum spiegeln oder nah hinter dem Glas von aussen Beleuchtetes erscheint. Vordergründig handelt es sich dabei um ein wenig beachtetes Alltagsphänomen. Aber hat es je ein Maler so explizit und insistierend dargestellt? Das Dunkle selbst wird damit ebenso zum Thema wie die hinter der Oberfläche sichtbaren, zum Verkauf angebotenen Gegen-stände. Fenster, von aussen nach innen gesehen, werden zum thematischen Gegenstück des Blicks in den unermesslichen Lichtraum früherer Werke. Sie sind das Thema seines letzten Lebensjahrzehnts, kompositorisch von bisher unerreichter Stringenz. Als gälte es erst jetzt richtig ernst. Die Türen ins Dunkle werden von anonymen, bisweilen kultisch wirkenden Hüterinnen offen gehalten. Der Blick gleitet an diesen und den feilgebotenen Waren in die unauslotbare Tiefe. Stettler variiert das Motiv mit einer gewissen Obsession. Keinem Thema widmet er sich so häufig in seinen letzten Lebensjahren. Das Thema muss ihm über die Lust an der Malerei auch als solches wichtig geworden sein. Der Flaneur wird gestellt und über die Objekte seines Begehrens hinaus auf Entscheidenderes verwiesen. Der Betrachter steht vor zwei Schwellen, der Schwelle des Bildgevierts und der Schwelle der halb offenen Tür. «Eine Schwelle ist etwas Heiliges.»[20] Die offene Tür wirkt verheissungsvoll, aber «der Kosmos des Halboffenen, von dem Bachelards *Poetik des Raumes* schwärmt, ist leer».[21]

18 Siehe Fussnote 7, S. 42.

19 Zitat von Rainer Maria Rilke aus: *Die Aufzeichnungen des Malte Laurids Brigge,* in: Gaston Bachelard: *Poetik des Raumes,* 5. Auflage, Frankfurt am Main 1999, S. 227.

20 Zitat des Neoplatonikers Porphyrios in: Gaston Bachelard: *Poetik des Raumes,* 5. Auflage, Frankfurt am Main 1999, S. 221.

21 Anselm Haverkamp: «Tür im Raum. Die Dialektik des Innen im Außen», in: *Innenleben. Die Kunst des Interieurs. Vermeer bis Kabakov,* hrsg. von Sabine Schulze, Ostfildern-Ruit 1998, S. 65.

Auch wenn am Beginn der ultimativen Serie der Ladenbilder ein Schlüsselerlebnis vor einem real existierenden Geschäft gestanden haben mag – die Serie der bisher 17 im Werkverzeichnis erfassten Ladenbilder dokumentiert die zunehmende Selbstreferenzialität von Stettlers Werk. Als visuelles Gedicht bezieht sich das einzelne Bild in seiner stabilen Formelhaftigkeit mehr auf seine Varianten als auf einen bestimmten Ort und gerade darin erweist sich seine Übertragbarkeit auf den Alltag: Durch die Insistenz der Ausarbeitung ist das Motiv zu einem Topos, zu einem brauchbaren Bildgedanken geworden. In den Ladenbildern zeigt sich die spezifische Qualität eines Spätwerks, Zeugnis eines unbeugsamen Anspruchs an sich selbst, an künstlerische und mithin weltanschauliche Substanz. Wofür stehen die Läden, wofür deren Auslagen? Stettler malt bezeichnenderweise keine Bäckereien, keine Metzgereien, keine Schaufester von Haushalts- oder Modegeschäften. Stellen die kaum je genauer identifizierbaren Objekte die prekäre Existenz ästhetischer Artefakte dar? Stellen die Gegenstände, indem sie nicht genauer identifiziert werden können, das Ausstellen, das Zeigen als solches dar, stellvertretend für den Akt des Malens, für das Bild?

Wie weit entfernt sind die frühen Versuche, grundsätzliche Existenzerfahrung in eine triviale Symbolik zu verpacken! Riesenrad, Zirkuszelt, Engel, Fahnen und Ballons – Budenzauber –, Stettler erliegt nur kurz derlei Versuchungen. Bald lässt er den Himmel leer. Zuletzt scheint er aber auch dessen Offenheit zu verwerfen. Er zeigt ihn nurmehr verstellt (*Kathedrale von Strassburg*, 1997) oder verregnet (*Nachtregen*, 1997).[22] Quer zu allen biographischen Zeugnissen und Mutmassungen ist abschliessend festzuhalten, dass Peter Stettlers Malerei mehr und mehr zur Malerei als Malerei wird; zu einer Malerei, die von sich selbst handelt, jenseits möglicher vorgegebener Bedeutungen oder behaupteter Deutungen – deutungsoffen und dennoch Bedeutungsräume gestaltend. Darin liegt ihre Grösse, darin liegt Stettlers Befreiung aus zumindest partiell prekären Lebensumständen. Hier vergisst er sich und alles andere, obwohl seine Kunst selbstverständlich davon gespeist wird. Feierten seine Bilder über viele Jahre das Licht und die Leere als Fluchtraum seiner Psyche, so verweigert er sich mehr und mehr dem eskapistischen Erzählen. Als Summe seines bildnerischen Denkens bleiben die stummen, entschieden frontal gesetzten, scheinbar durchlässigen und doch schwer zu ergründenden Ladenbilder der 90er-Jahre – Sinn-Bilder existenzieller Aussichtslosigkeit. Offen bleibt nur noch der eingeschränkte Blick hinter die Fassaden. Ohne Horizont, ohne Perspektive. Der Blick ins unauslotbare Dunkel versagt sich jeder Verheissung, es bleibt nichts als das Hier und Jetzt der Malerei, der tröstliche Luxus des Schaffens – Ekstasen, die der Ernüchterung trotzen.

22 Beide Werke im Katalog der *Gedächtnisausstellung Peter Stettler* im Kunst Raum Riehen 1999, Abb. S. 61 und 63.

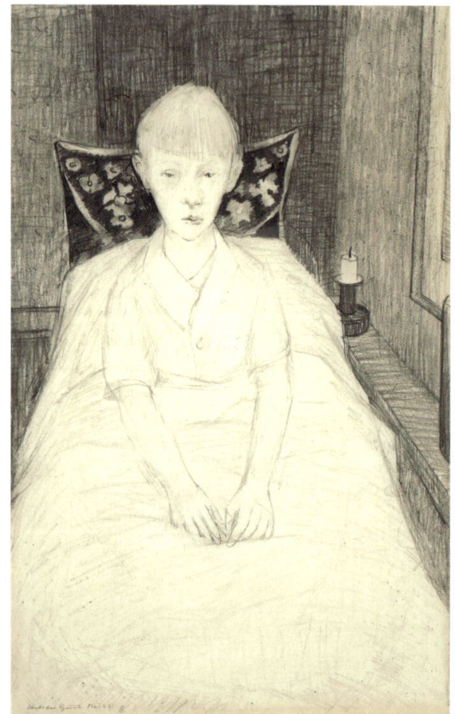

28
29→

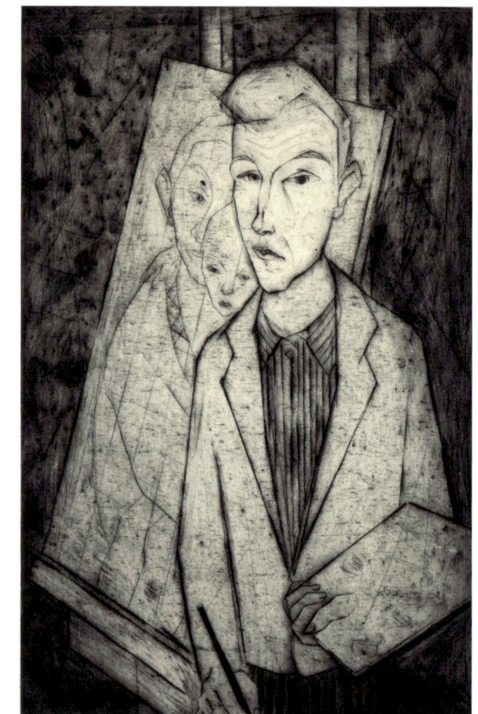

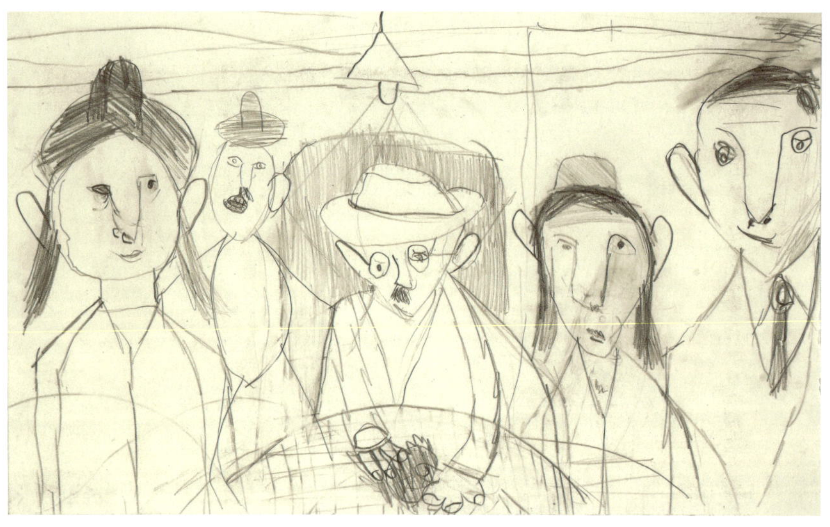

30

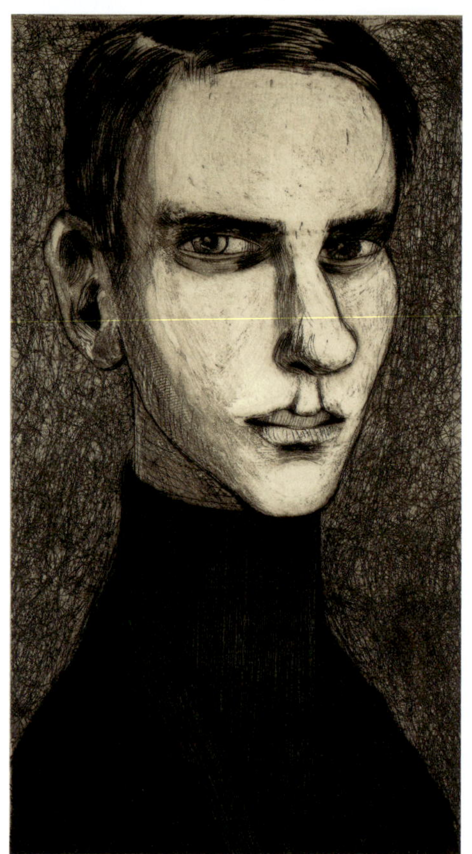

31

ABB. 28
Gustav Stettler, *Der kranke Knabe,* Mai 1945, Bleistift, 53,5 × 35 cm, ARK Basel

ABB. 30
Kinderzeichnung von Peter Stettler, (Krankenbesuch), 1945, Bleistift, 20,5 × 34 cm, ARK Basel

ABB. 29
Gustav Stettler, *Der Maler* (Selbstbildnis mit Peter und Nelly auf der Staffelei),[1] 1944, Kaltnadelradierung, 53,1 × 33,7 cm, ARK Basel

ABB. 31
Gustav Stettler, *P. S.,* 1956, Kaltnadelradierung, 47 × 26 cm (Plattengrösse), aus der Edition: *Vom Antlitz junger Menschen. 8 Radierungen von Gustav Stettler,* Grenchen 1956

Andreas Chiquet

Peter Stettlers Biographie

1939 Peter Stettler wird am 9. Juli als Sohn des Malers Gustav und dessen Frau Nelly Stettler[2] in Basel geboren, die Familie wohnt am Spalenberg 12. Der Vater besucht nach Abschluss einer Flachmalerlehre zwischen 1934 und 1939 gestalterische Kurse und erhält 1943 nach mehrjähriger Arbeit in dem gelernten Beruf eine Anstellung als Lehrer an der Allgemeinen Gewerbeschule in Basel. 1948 wird er Gründungsmitglied der Künstlervereinigung «Kreis 48» um Max Kämpf.

1942–1951 Seit seinem dritten Lebensjahr zeichnet und malt der Knabe mit grossem Talent. In seinen Bildern spiegelt sich bald auch die Begegnung mit der Welt der Kunst. Bereits im Alter von zwölf Jahren besucht Peter die Zeichenkurse seines Vaters in der Allgemeinen Gewerbeschule.[3] Als scheuer und feinfühliger Junge hat Peter keine glückliche Schulzeit. Durch seine Legasthenie und Linkshändigkeit ohnehin benachteiligt, wird er zum Aussenseiter. Sein Vater Gustav kann offenbar verhindern, dass Peter in der Volksschule Zeichenunterricht bekommt.[4] Auf Vorschlag des Vaters wird hingegen eine Auswahl von Kinderzeichnungen des damals Elfjährigen in der Ausstellung des «Kreis 48» im Jahre 1950 in der Kunsthalle Basel gezeigt. Paradoxerweise bitten die Eltern im Katalog darum, den Sohn nicht auf seine Exponate und seine Tätigkeit anzusprechen, damit er in seiner gestalterischen Unschuld nicht gestört werde.[5]

1945 erkrankt Peter schwer. Davon zeugt eine berührende Zeichnung seines Vaters: Neben dem fast durchsichtig im Bett sitzenden Kind steht eine erloschene Kerze ABB. 28. Aus demselben Jahr stammt Peters Zeichnung «Krankenbesuch» ABB. 30.

1954–1958 Peter Stettler absolviert eine Schriftenmalerlehre bei Anton Schneider. Aus dieser Zeitspanne (und bis 1961) sind keine Arbeiten von ihm bekannt.

1954–1962 Peter Stettler belegt regelmässig Kurse an der Gewerbeschule Basel. Seine wichtigsten Lehrer sind (neben seinem Vater) Walter Bodmer (Aktzeichnen) und Martin Christ (Malklasse).

1957 Peter Stettler mietet ein eigenes Atelier am Spalenberg.

1 1944 fertigt Gustav Stettler ein Familienbild, auf dem er hinter Mutter und Kind steht. In der hier wiedergegebenen Radierung tritt er aus dem Bild heraus und vor das Bild von Mutter und Kind. In der 1945 entstandenen Selbstbildnisradierung *Das Atelier* entfernt er schliesslich das Familienmotiv in den verschatteten Hintergrund.

2 Gustav Stettler war zehnjährig, als sein Vater starb. Seine überforderte Mutter gab ihn in Fremdbetreuung, der Beginn einer Leidensgeschichte, die zu mehreren Familienwechseln führte. Nelly Stettler (geborene Stähli) stammte aus einfachen bäuerlichen Verhältnissen. Sie arbeitete in den ersten Basler Jahren als Haushaltshilfe. Ob sie über eine Berufsausbildung verfügte, liess sich nicht eruieren.

3 Später Kunstgewerbeschule, dann Schule für Gestaltung, aktuell Hochschule für Gestaltung und Kunst der Fachhochschule Nordwestschweiz HGK/FHNW.

4 Uli Schierle im Gespräch mit Iris Kretzschmar, 1.2.2024.

5 Im Nachlass von Peter Stettler haben sich 246 sorgfältig aufgezogene, vom Vater beschriftete und datierte Kinderzeichnungen erhalten. Siehe Beitrag von Anna Lehninger, S. 59ff.

ABB. 32→
Peter Stettler, vermutlich im Atelier am Spalenberg, 1960, unbekannter Photograph (Das Gemälde im Hintergrund befindet sich seit 1961 im Besitz der Baloise)

ABB. 33→→
Gustav Stettler und Erica Schnell in Iseltwald, 1. August 1975, Photo: Leo Hollinger

ABB. 34↓
Peter Stettler, Hochzeitsanzeige, 1961, Kunstmuseum Basel, Kupferstichkabinett, Inv. 1978.1202[9]

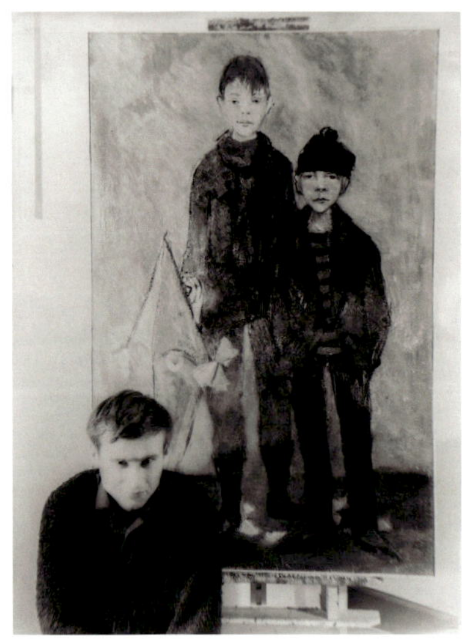

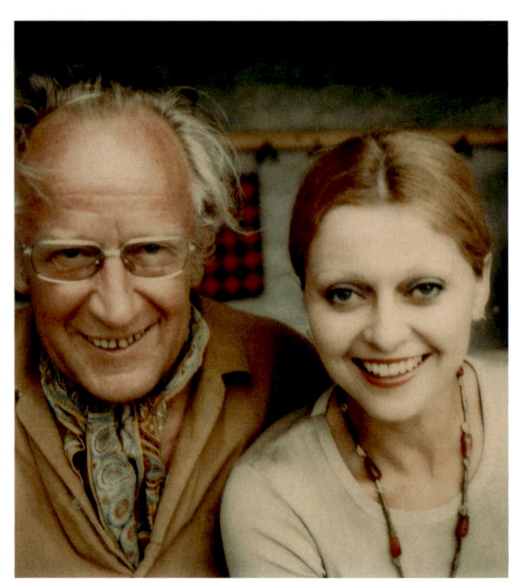

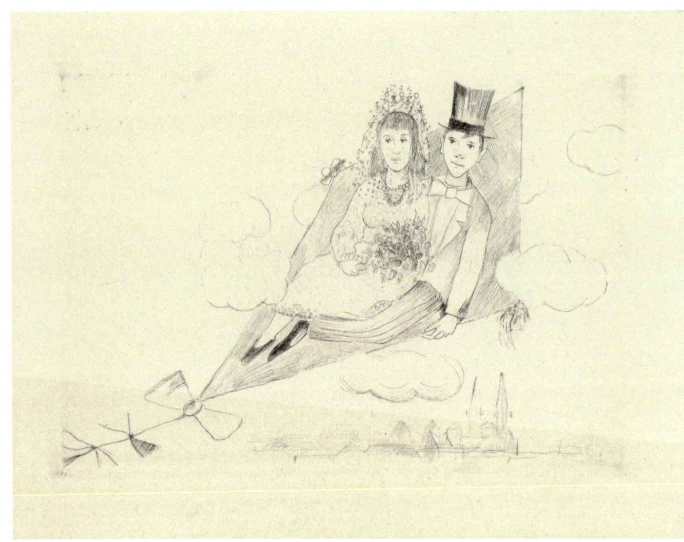

1959 An der Kunstgewerbeschule macht Gustav Stettler seine Lieblingsschülerin Erica Schnell (1940–2019)[6] mit dem Sohn bekannt.[7] Diese besuchte bereits als 16-Jährige Gustav Stettlers Abendkurse. Peter und Erica werden ein Paar und beziehen 1960 eine gemeinsame Wohnung an der Mittleren Strasse 105; 1961 heiraten die beiden **ABB. 34**. Das Ehepaar bleibt kinderlos, obwohl sich Peter Kinder gewünscht haben soll – Erica wollte keine.[8]

1959–1971 nimmt Peter Stettler (mit Unterbrüchen 1969/70) regelmässig an den Weihnachtssaustellungen der Kunsthalle Basel teil. Er erhält mehrere Stipendien. Der Basler Kunstkredit erwirbt ab 1962 wiederholt Werke von ihm, ebenso das Kupferstichkabinett des Basler Kunstmuseums. Mehrere Basler Firmen erwerben Werke für ihre Kunstsammlungen.

1963 Durch Vermittlung seines Vaters wird auch Peter Stettler Lehrer an der Gewerbeschule. Er unterrichtet zunächst Gegenstandszeichnen im Vorkurs. Elf Jahre später übernimmt er in der Grafikfachklasse die Fächer ‹Figürliches Zeichnen›, ‹Museumszeichnen› und ‹Landschaftsmalerei›, in Abendkursen ‹Aktzeichnen› und ‹Tiefdrucktechnik›. Sein Vollzeitpensum bringt er an jeweils drei aufeinanderfolgenden Wochentagen, Montag bis Mittwoch, unter.

1967 Das Erziehungsdepartment des Kantons Basel-Stadt gewährt Stettler ein Stipendium für das Basler Atelier in der *Cité Internationale des Arts* in Paris. Zusammen mit seiner Frau verbringt er dort einige prägende Monate. Der auf ein ganzes Jahr angelegte Aufenthalt muss infolge einer Erkrankung Peters vorzeitig beendet werden. In Paris entdeckt Stettler sein Interesse für afrikanische Kunst und baut fortan

6 Erica Schnell absolvierte dem Wunsch ihres Vaters entsprechend eine Sekretärinnenausbildung, belegte aber gleichzeitig Abendkurse an der Kunstgewerbeschule. Später arbeitete sie halbtags als wissenschaftliche Zeichnerin am Institut für Ur- und Frühgeschichte der Universität Basel (gemäss Dorothea Christ: «Peter Stettler – Erica Schnell-Stettler. Eine Künstlerfamilie in Riehen», in: *z'Rieche. Ein heimatliches Jahrbuch* 33, 1993, S. 99–109).

7 Gemäss Dorothea Christ (ebd.) lernten sich Peter und Erica bei der vorfasnächtlichen Arbeit im Larvenatelier Tschudi kennen.

8 Denise Schweizer im Gespräch mit dem Autor am 16.1.2024.

9 Die Zeichnung bezieht sich unverkennbar auf Max Kämpfs (1912–1982) skandalisiertes, für einen Wandbildwettbewerb entstandenes Bild *Traumflug* (1943/44), das zwei unter einer Decke liegende und auf einem Papierdrachen durch die helle Nacht fliegende Kinder zeigt. Das vom damaligen Waisenhausvater Hugo Bein wegen seines angeblich obszönen Inhalts zurückgewiesene Werk wurde in die Sammlung des Basler Kunstkredits aufgenommen und erlangte grosse Popularität. Laut Ursula Salathé schätzte Peter Stettler Kämpf als Maler, nicht aber als Menschen (Gespräch vom 25.1.2024).

ABB. 35→
Peter Stettler mit Objekten seiner Sammlung (Familienalbum)

ABB. 36 ↘
Sammlungsraum im Haus an der Paradiesstrasse (Familienalbum)

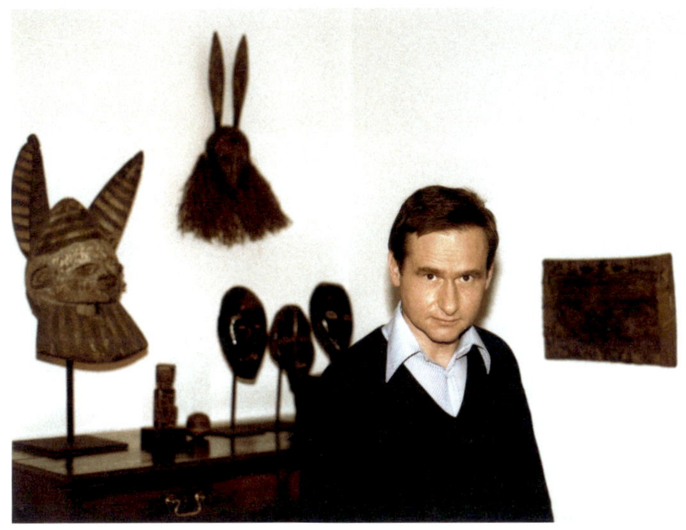

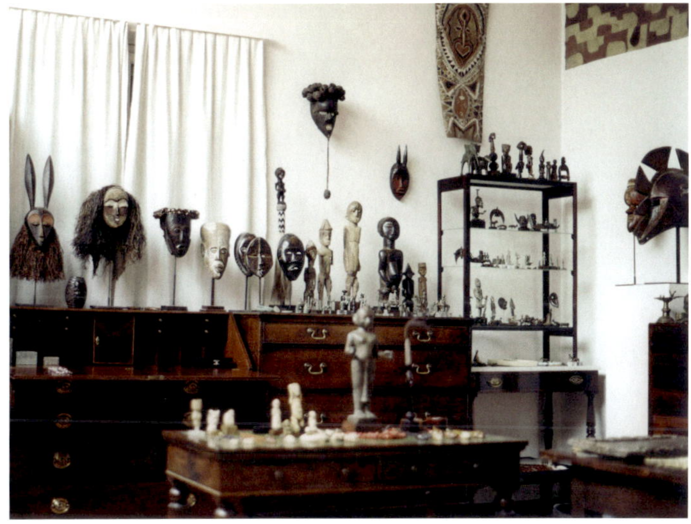

zusammen mit Erica eine grosse Sammlung aussereuropäischer Figuren, Musikinstrumente und Textilien auf ABB. 35–36.

1970, 1973 UND 1974 ist Peter Stettler mit Bildern an der Art Basel vertreten.

1980 Das Ehepaar Stettler zieht in das von dem Kunstmaler Numa Donzé (1885–1952) erbaute Atelierwohnhaus an der Paradiesstrasse 4 in Riehen. Seit 1970 war bereits Gustav Stettler Mieter des Ateliers – ohne das dazugehörige Wohnhaus. Mit seiner Unterstützung kann das Künstlerpaar das Haus erwerben.[10] Vor seinem Umzug in ein grösseres Atelier am Luftgässlein in Basel nutzt Gustav Stettler das Atelier zunächst noch selbst, was jedoch zu Reibungen zwischen Vater und Sohn führt.[11]

1992 Stettler wird Mitglied der Riehener Kunstkommission.[12] Nach übereinstimmenden Berichten leidet Peter Stettler in seinen letzten Lebensjahren an einer schwereren Krankheit, die er zu ignorieren versucht. Ingrid Iten erinnert sich, dass Peter auf Reisen einen grossen Aluminiumkoffer mitführte, vollgepackt mit Medikamenten, die er sich ohne Rezept verschaffte.[13] Bis zu seinem gesundheitlichen Zusammenbruch will er keinen Arzt konsultieren. Neben den umfangreichen familiären Beanspruchungen und beruflichen Pflichten verbleibt ihm immer weniger Kraft für seine künstlerische Tätigkeit. Die Produktion verringert sich. Für das Jahr 1991 können bisher nur fünf datierte Arbeiten verzeichnet werden, für 1994/95 keines und aus dem Jahr 1996 datiert ein einziges, Gleiches gilt für das letzte Lebensjahr.

10 Der auf Numa Donzé folgende Hausbesitzer war Lucas Lichtenhan (1898–1969). Dieser war über die gemeinsame Schierser Schulzeit hinaus ein naher Freund Alberto Giacomettis. 1934–1949 war er Konservator der Basler Kunsthalle. Seine auf französische Kunst akzentuierte Ausstellungstätigkeit dürfte für Peter Stettler eine wichtige Inspirationsquelle gewesen sein. Lichtenhan organisierte 1950 – nach seinem gesundheitsbedingten Rücktritt – die erste Giacometti-Ausstellung der Basler Kunsthalle. Giacometti blieb für Stettler ein unbestrittenes Vorbild.

11 E-Mail von Ursula Salathé vom 31.1.2024.

12 Stettler blieb Mitglied bis zu seinem Tod. Er half, mehrere Ausstellungen seines Vaters vorzubereiten, als Kommissionsmitglied konnte er aber selbst nicht im Kunstraum Riehen ausstellen.

13 Peter Stettler war 1981 Trauzeuge des Ehepaars Ingrid und Alexander Iten-Kramer. Ingrid Iten erinnert sich, dass Peter bereits Anfang der 90er-Jahre anlässlich eines Besuchs in ihrem Tessiner Ferienhaus den Medikamentenkoffer mitführte. (Ingrid Iten im Gespräch mit dem Projektteam am 26.1., 6.5. und 17.5.2024.)

1993 Eine letzte Einzelausstellung findet in der Galerie Münsterberg statt; die Galeristin Gabrielle Fehse kann ihn nur mit grossem Aufwand dazu überreden. Stettlers Einwand lautet, er habe ja nichts Rechtes.[14] Auf die Ausstellung hin erhöht sich Stettlers Schaffenskraft massiv. Mit den Datierungen 1992/93 sind bisher allein 42 Ölbilder erfasst. Auch die letzte Gruppenausstellung (1997 mit Mario Bollin und Jürg Keller) provoziert nochmals eine quantitative und qualitative Steigerung.

1998 Nach einem zweiwöchigen Spitalaufenthalt stirbt Peter Stettler am 9. Oktober im Alter von nur 59 Jahren unerwartet an den Folgen einer Spitalinfektion, die er sich bei der Biopsie seiner Lungenerkrankung zuzieht.

1999 Der Kunstraum Riehen ehrt Stettler postum mit einer von Robert Schiess und Erica Schnell kuratierten Gedenkausstellung. Nahestehende Freunde versuchen vergeblich, die Witwe zu einem Testament zum Schutz der Hinterlassenschaften zu bewegen. Um 2009 tritt Erica Schnell-Stettler infolge gesundheitlicher Probleme in ein Pflegeheim ein und erhält einen amtlichen Beistand, der 2019 von einem privaten Beistand abgelöst wird.

2013 wird das Riehener Atelier-Wohnhaus im Auftrag der Kinder- und Erwachsenenschutzbehörde KESB geräumt und verkauft. Der gesamte Nachlass inklusive Hausrat wird im Kunstlagerhaus der Kraft E.L.S. AG in Basel-Münchenstein untergebracht.

2019 erfolgen die Auflösung und der Verkauf des Nachlasses mit der Einwilligung der KESB. Zur Verminderung der Lagerkosten werden ca. 750 von 900 Werken entsorgt. Drei Basler Galeristen werden mit der Triage beauftragt. Sie erhalten für ihren Einsatz je ca. 50 Werke in Kommission. Weitere Bilder werden für eine vorgesehene Ausstellung im Kunstraum Riehen zurückgehalten, die aber nicht zustande kommt.

2022 wird diese Werkgruppe dem Archiv Regionaler Künstlerinnen- und Künstlernachlässe (ARK) angeboten.[15] Kurz vor der Übernahme wird der gesamte dokumentarische Nachlass entsorgt.

2024 Das ARK unternimmt umfangreiche Recherchen, um den Verbleib weiterer Werke Peter Stettlers zu eruieren und seine Lebensstationen und -umstände zu rekonstruieren. Zur Ausstellung im Basler Projektraum M54 (26. September – 6. Oktober 2024) erscheint die vorliegende Monographie *Intérieur / Extérieur.*

GEWEBEPROBEN DER LEBENSUMSTÄNDE

Das vergleichsweise ereignisarme und stetige Leben Peter Stettlers lässt sich tabellarisch leicht überblicken. Zeitlebens bleibt er seinen Eltern verbunden, ist ein treuer Ehemann, hat bereits als 24-Jähriger eine Stelle fürs Leben und neigt auch als Maler nicht zu Experimenten und Kapriolen, weder stilistisch noch thematisch. Die prägendsten Bedingungen seines Lebens und Wirkens lassen sich nicht an bestimmten Jahreszahlen festmachen, sondern ziehen sich durch sein ganzes Leben. Deshalb versuchen die folgenden Abschnitte den Charakter, die Lebensumstände und die Leidenschaften Peter Stettlers zu erhellen.

Motive des Vaters – Motive des Sohns Hier soll die Rede sein von Motiven im doppelten Wortsinn, von inneren Beweggründen und von konkreten Gegenständen der Malerei. Über die Person Peter Stettler kann man kaum reden, ohne auch den Vater Gustav ins Spiel zu bringen. Dennoch geht es mithin darum, soweit überhaupt möglich, den Sohn vom Vater zu entbinden.

Gustav Stettler ist ehrgeizig und autoritär. Seine Autorität wird jedoch von Peter Stettler akzeptiert, er zeigt grossen Respekt und versucht Konkurrenzsituationen zu vermeiden. «Alles hatte er vom Vater: das Talent, die Motive, die Anstellung an der Kunstgewerbeschule, die Frau und sein Haus.»[16]

14 Gespräch des Autors mit Gabrielle Fehse am 30.5.2024.

15 Insgesamt erhielt das ARK Basel 38 Malereien auf Leinwand oder Holz, 44 Arbeiten auf Papier und 26 Druckgraphiken.

16 Ursula Salathé im Gespräch mit dem Projektteam vom 29.1.2024. Unabhängig und übereinstimmend erinnern sich zwei weitere Freundinnen Peter Stettlers, dass der Vater seine Lieblingsschülerin mit dem Sohn verkuppelt habe, um sie zeitlebens in der Nähe behalten zu können.

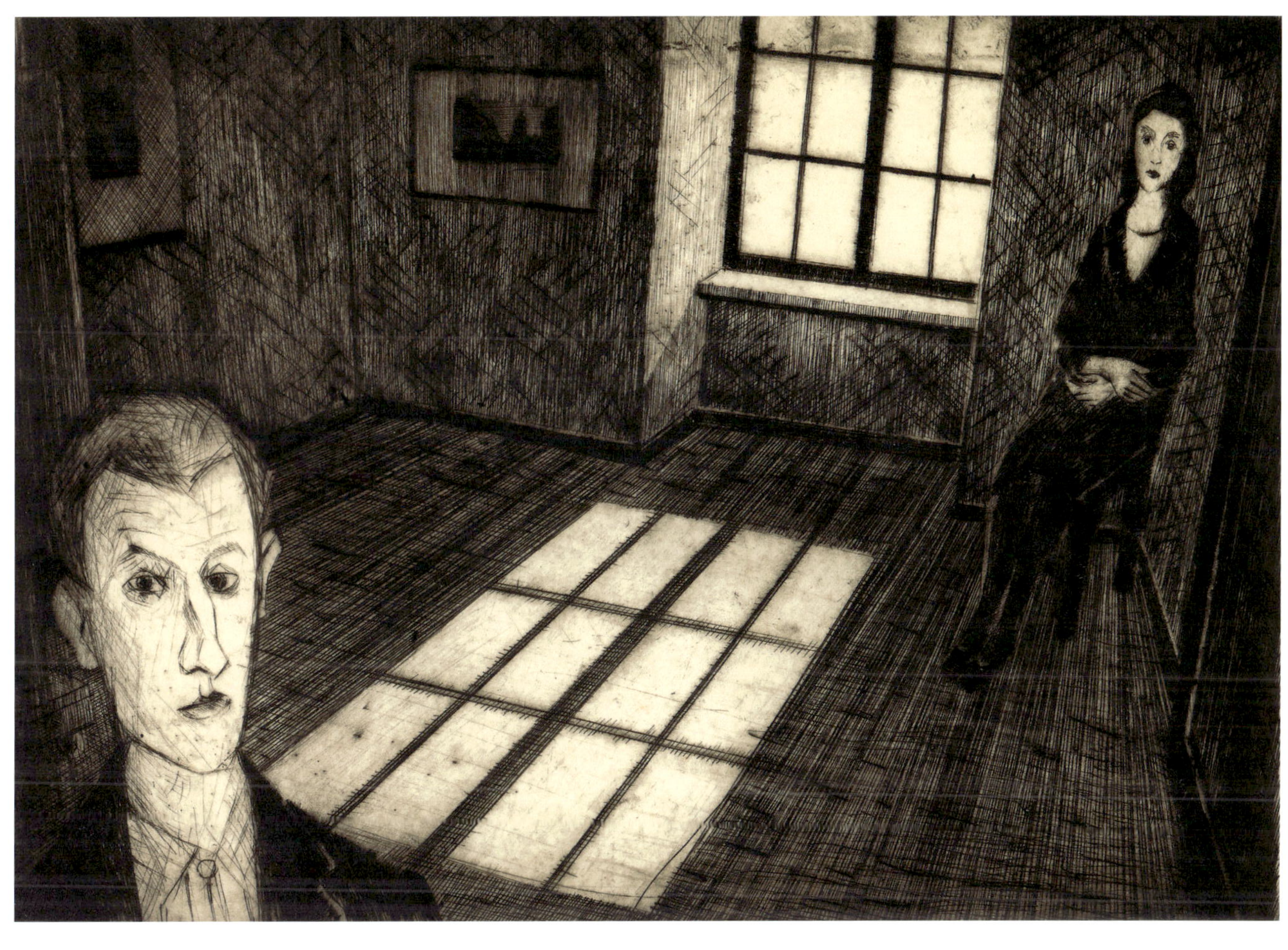

ABB. 37
Gustav Stettler, *Dämmerung,* 1948/49,
Kaltnadelradierung, 26 × 37,5 cm
ARK Basel

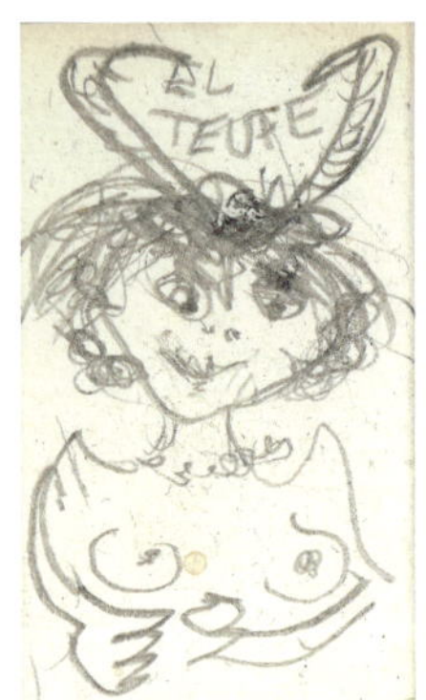

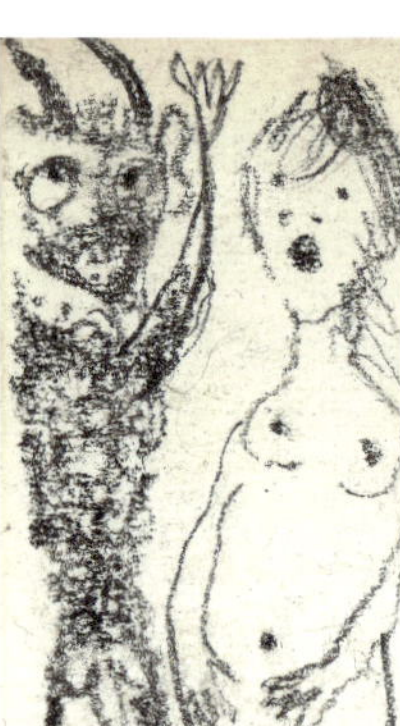
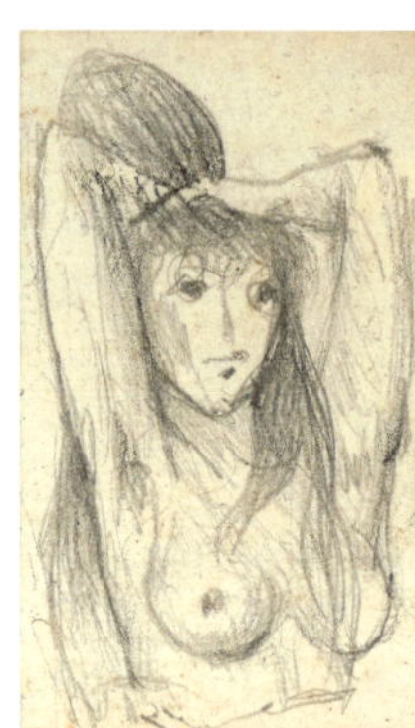
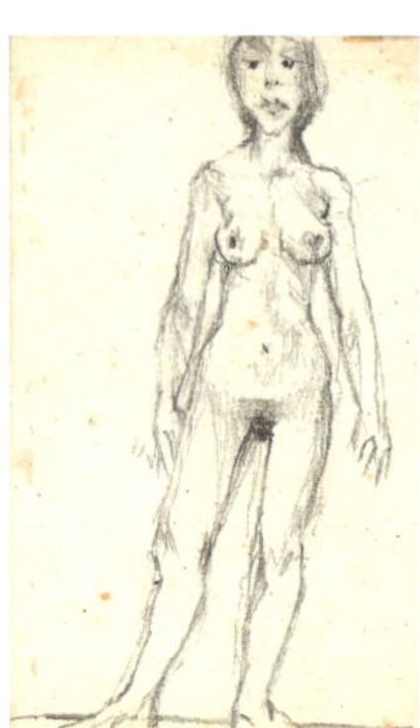
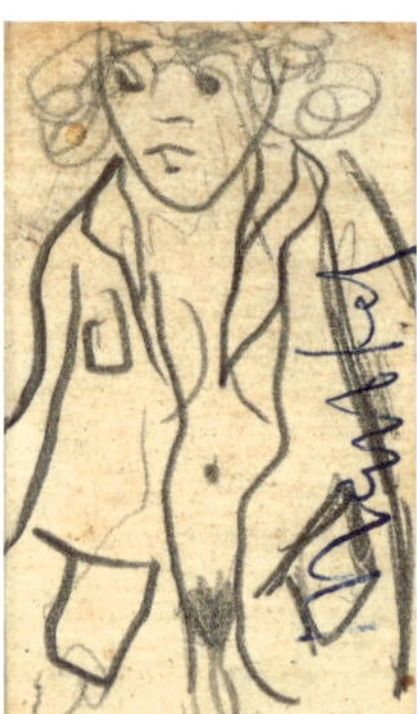
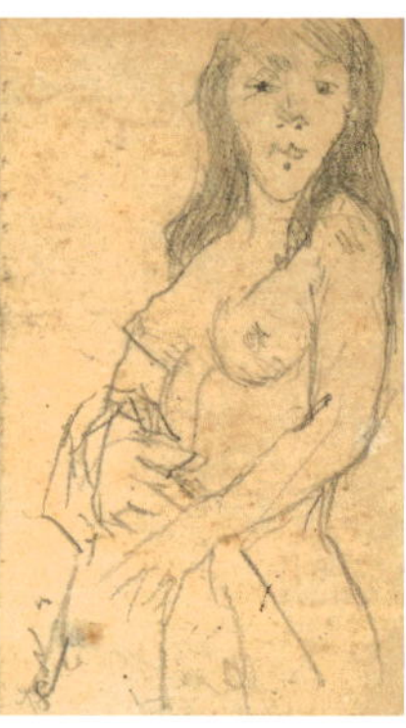

Die Menschen in Gustav Stettlers Bildern erscheinen weitgehend stereotyp und lassen sich kaum als unverwechselbare Individuen erschliessen. Mit scharfen Konturen und kräftigen Kontrasten setzt der Künstler sie von ihresgleichen und von der Umgebung ab. Nur scheinbar im Gespräch posieren die stiltypischsten Figuren des Vaters für den öffentlichen Anblick, wie Schaufensterpuppen. Peter Stettlers Figuren und Porträts bewegen sich stilistisch zunächst auf den Spuren der strengen väterlichen Bildauffassung. Bald entfaltet er jedoch ein weicheres, impressionistischeres Kolorit und eine bewegtere Pinselsprache. Versteift sich der Vater zusehends in überlängte, manieristische Stilisierungen, so lässt der Sohn nach und nach den Anspruch auf individuell identifizierbare Personen fallen: Gesichter bleiben skizzenhaft abstrahiert, ganze Figuren sind oft nur als monochrome Silhouetten erfasst. Mehr und mehr interessiert ihn die Position der Figuren im Raum, nicht aber deren Charakterisierung.

Die Hauptfigur von Gustav Stettlers Radierung *Dämmerung* ABB. 37 steht weltabgewandt und isoliert im Vordergrund, während eine Frau in grösstmöglicher Entfernung rechts im mondnächtlichen Atelier passiv dasitzt. Ein klammes Bild unüberbrückbarer Distanz und – vielleicht auch – männlicher Arroganz? Das An-den-Rand-Rücken der Figuren erscheint prototypisch für dieselbe, von Peter Stettler oftmals wiederholte Distanzierung einzelner Figuren. Seinen Inszenierungen fehlt die Darstellung intimer Verbundenheit. Die Vereinzelung erscheint als eine (auch kompositorisch) reflektierte existenzielle Erfahrung. Gustav Stettler arrangiert in vielen späteren Werken seine Figuren in physischer Nähe zueinander, sie bleiben jedoch psychisch so isoliert, wie sie hart konturiert sind.

Fakten zu den Akten In Gustav Stettlers Werk dominiert das Thema der adretten, weiblichen Teenager. Wenige realistische bis sentimentale Mutterbilder verlieren sich rasch in seinem Opus. Nach frühen druckgraphischen Suchbewegungen wechselt Gustav Stettler zu erstaunlich grossformatigen Zinkplatten, worin sich auch sein wachsendes Selbstbewusstsein manifestiert.[17] Interessanterweise finden sich darunter kaum Aktdarstellungen – in der Themenwahl dürften sich kommerzielle Erwägungen abbilden. Akte finden sich hingegen im zeichnerischen Werk. Diesen fehlt die den grafisch gestylten Teenagern zugestandene Subjekthaftigkeit des dem Maler bzw. Bildbetrachter zugewandten Blicks. Es sind «Dollies», deren Geschlechtsmerkmale weit plastischer herausgearbeitet werden als ihre Gesichter.

Demgegenüber zeigen sich in Peter Stettlers Akten ebenso feine wie fundamentale Unterschiede. Malerisch macht er die Figuren ungreifbar. Manche stehen in grosser Ferne, kompositorisch näher gerückte Figuren werden malerisch aufgelöst, verschwimmen mit der Umgebungsfarbe ABB. 15. Mehrfach wiederholt er das Thema «Maler und Modell» so, dass diese an die Bildränder gerückt werden, in unüberbrückbare Distanz. Damit nicht genug, stellt er in mehreren Kompositionen zwischen die beiden einen monströs grossen, schwarzen Kanonenofen[18] ABB. 6. Verklausuliert

17 Tatsächlich genoss Gustav Stettler über Basel hinaus hohe Wertschätzung und Wirkung als Druckgraphiker. 16 von 23 Künstlern der 1966 im Basler Kunstmuseum gezeigten Ausstellung *Basler Graphik* waren Schüler Gustav Stettlers.

18 Für die Aktmodelle von vitaler Bedeutung, symbolisiert der Ofen in Atelierbildern seit der Romantik die ärmlichen Lebensbedingungen einer gesellschaftlich marginalisierten Künstlerschaft.

ABB. 38
Zeichnungen auf Streichholzschachteln, je 4,8 × 3,5 cm, ARK Basel

er damit im Bild etwas, das er im Leben nicht aussprechen kann? Andererseits zeichnet Peter Stettler Capriccios auf Streichholzschachteln.[19] Diese Akt-Miniaturen werden zu heiteren *Allumettes* erotischer Fantasien ABB 38.

Respekt und Befreiung Peter Stettler zeigt zeitlebens grossen Respekt gegenüber dem Vater. Stehen die beiden in einem Konkurrenzverhältnis? Einige Zeitzeugen sehen es so. Immerhin findet der Sohn thematische Bereiche und malerische Qualitäten, in denen er volle Autonomie erlangt und den Vater deutlich übertrifft. Das Porträt, wie stereotyp auch immer er es auffasst, bleibt die Domäne des Vaters, während der Sohn ihn in allem Atmosphärischen bei Weitem überflügelt. Seine Bilder laden zur freien Bewegung, zum Atmen und Träumen ein. Der Vater bleibt Zeichner, auch wenn er malt, die scharf konturierten Bildzonen sind dicht mit Farbe belegt, pastos sucht er die Körper dingfest zu machen. Erst in den letzten Jahren befreit sich auch die Pinselschrift Gustav Stettlers ein wenig, möglicherweise durch die Einsicht in die malerische Freiheit des Sohnes.

Familiäre Dienstbarkeiten Peter wird als sehr grosszügig und hilfsbereit geschildert. Sämtliche Graphikauflagen des geschäftstüchtigen Vaters werden vom Sohn gedruckt. Dieser übernimmt in zahlreichen Ausstellungen auch die Hängung der väterlichen Werke. Das Rasenmähen und der Baumschnitt im Ferienhaus der Eltern in Isch oberhalb von Iseltwald am Brienzersee gehören auch zu seinen Sohnespflichten, er selbst spricht von einem «Landdienst».[20] Auch im eigenen Haushalt ist er zuständig für Garten- und Raumpflege, fürs Einkaufen und Kochen. Von Erica Schnell ist überliefert, dass sie ihrem Mann Letzteres überlässt, weil er besser kochen könne als sie selbst. Peter kauft auch die Kleider für seine Frau. Er übernimmt für seine künstlerisch tätige Gattin alles Technische, vom Bespannen der Keilrahmen bis zum Rahmen ihrer Gemälde, ebenso lötet er auch ihre Drahtplastiken.[21] Obschon Ericas Arbeiten von den Kollegen oft als dekorativ und allzu «kunstgewerblich» taxiert werden, verteidigt er sie vehement. «Erica war eine tragende Aufgabe für Peter, er machte alles für sie, ging auf in seinen Pflichten. Er war in allem überlegen, sie war sein Werk».[22]

Stettler war ausgesprochen ordnungsliebend, was sich in der streng geregelten Auslage seiner Farbtuben ebenso zeigt wie in seiner stets sehr gepflegten, korrekten Erscheinung, entgegen üblichen Klischees von Künstlerattitüden. Unter Freunden kursieren Spitznamen wie «Mister Bügelfalte» oder «Meister Proper».

Seine Mutter Nelly Stettler ihrerseits lebt in beinahe selbstkarikierender Weise ein traditionelles Rollenmuster. Sie kümmert sich nicht nur um die üblichen Haushaltspflichten, sondern ist auch damit betraut, die Pinsel ihres Gatten zu reinigen. Zur Mutter entwickelt Peter eine zunehmende Verbundenheit, er schützt sie vor dem Vater, der sich oft und offen über seine Gemahlin lustig macht. Dementsprechend hält die Mutter stets zu ihrem Sohn: «Ja, de Peeter ...»[23] soll sie immer wieder gesagt haben; in liebevoll sinkender Tonhöhe vermischen sich dabei Verbundenheit und Bedauern. Ähnlich beginnt eine Gesprächspartnerin ihren Bericht: «Dr Peter isch en Arme gsi um d'Erica».[24] Das schwierige Umfeld belastet seine Gesundheit, was Stettler zusehends mit Alkohol und nicht verordneten Medikamenten[25] zu verdrängen versucht. Er verneint jegliche Probleme und sucht nie ärztliche Hilfe.

19 In den Nachlass des ARK gelangten 222 Streichholzschachteln, deren blanke Rückseiten eine Zeichnung von Peter Stettler aufweisen, darunter 206 weibliche und acht männliche Bildnisse sowie acht erotische Aktdarstellungen. Bei vielen Bildnissen sind auf der bedruckten Schachtelseite Vornamen entzifferbar, was zur Vermutung verleiten könnte, dass er damit die Namen seiner Schülerinnen zu memorieren versuchte. Dem widerspricht jedoch die repetitiv schematisierte Gestaltung von Augen, Nasen- und Mundpartien, die eine Wiedererkennbarkeit der Dargestellten erheblich erschwert hätte. Interessanterweise war Peter Stettler Nichtraucher – er scheint sich also die Schachteln eigens als Zeichenunterlage beschafft zu haben, ähnlich wie bei den Zigarilloschachteln und Zigarrenkistchen, die er vielfach als Malunterlage ‹zweckentfremdet› hat.

20 Doris und Claudia His im Gespräch mit Iris Kretzschmar am 1.2.2024. Ihrerseits pflegt sich Erica Schnell stundenlang mit sich selbst zu beschäftigen und schminkt sich sorgfältigst. Von Claudia His und ihrer Schwester wird sie «'s Praliné» genannt. Sie tritt auch als Fotomodell auf, insbesondere für ein Basler Pelzgeschäft.

21 Wie Peter Stettler war auch Erica Schnell-Stettler Schülerin von Walter Bodmer (1903–1973), der die Drahtplastik in die Basler Kunstwelt eingeführt hat.

22 Ursula Salathé im Gespräch mit dem Projektteam am 25.1.2024.

23 S. oben.

24 Denise Schweizer im Gespräch mit dem Autor am 16.1.2024.

25 Die Medikamente beschaffte er sich über eine befreundete Apothekengehilfin (Ingrid Iten im Gespräch mit dem Projektteam am 26.1.2024).

Peter ist scheu und zurückhaltend, es braucht Zeit, bis er «auftaut». Dann kann er sich auch ausgelassen und anarchisch verhalten. Einmal beginnt er, bei Freunden zu Besuch, die Frolic-Kekse des Hundes zu essen. Bei einer Hochzeit drückt er mit dem Daumen Löcher in eine von Erica gekaufte und mitgebrachte Kirschtorte und füllt die Löcher mit Kirsch – «sonst sei die gar nichts wert».[26]

Stettler als Lehrer In der Gewerbeschule erscheint Stettler isoliert, wirkt eher wie ein kleinbürgerlicher Beamter denn wie ein Künstler. Als einziger unter allen Lehrern trägt er stets dunkle Hemden unter dunkelblauem Anzug. Sein eigenes künstlerisches Schaffen erwähnt er im Unterricht nie, die Studierenden haben kaum Kenntnis von seiner Malerei.[27] Mehrfach sagt er ihnen, dass er erst zu malen beginnen werde, wenn er in Pension gehe.[28] Während des stets pünktlich beginnenden Unterrichts ist es mucksmäuschenstill. Obschon die Basler Kunstgewerbeschule von einer unverwechselbaren *unité de doctrine* geprägt ist, respektiert und fördert Peter Stettler die persönlichen Ausdrucksweisen seiner Schülerinnen und Schüler. Er beharrt allerdings auch auf einer systematisch aufbauenden Lehre, im Zeichnen selbst auf räumlicher Korrektheit und analytisch begründeter Reduktion. Dementsprechend wird er in der Grafikfachklasse eher geschätzt als in der Malklasse.[29] Korrekturen nimmt er – im Gegensatz zu manchen Kollegen – nicht in den Zeichnungen der Studierenden vor, sondern berichtigt diese erklärend in kleinen Skizzen am Blattrand.[30] Stettlers Umgang mit der Schülerschaft ist respektvoll. Er vermeidet vergleichende Wertungen, ist stets liebenswürdig und heiter, in sich ruhend, nie überschwänglich. Sibylle Ryser erzählt davon, dass sie ihre Gouache-Landschaften gerne mit Pastellkreiden überarbeitete, sich aber nur ein kleines Sortiment derselben leisten konnte. Peter habe ihr einmal mit den Worten «Kum, kauf dr none paar Kriide» eine 50er-Note geschenkt. Er sei sehr grosszügig gewesen.[31] Den Lehrenden stehen in den Unterrichtszimmern Schränke mit Modellen zur Verfügung. Neben den allgemein zugänglichen, standardmässig eingesetzten Würfeln, Kegeln und Zylindern befinden sich dort auch komplexere Gegenstände wie Kaffeemühlen, Flaschen, Zangen, Hämmer und andere Geräte. Die persönlich akzentuierten Inhalte dieser Schränke sieht Stettler offenbar als Selbstzeugnisse ihrer Inhaber, weshalb er einige derselben als frontale «Schrank-Porträts» malt. Obwohl er seine künstlerische Tätigkeit im Bereich des Brotberufs wenig kenntlich macht, wird diese umgekehrt zu einem Motiv im malerischen Schaffen ABB. 63.

Freundschaftszeugnisse Die meisten Ferien verbringen Peter und Erica zusammen mit Nelly und Gustav in Iseltwald oder auf Reisen nach Spanien und Südfrankreich. Eine Ausnahme ist photographisch dokumentiert: 1978 verbringt das Künstlerpaar zehn Tage im Ferienhaus von Ursula (*1931) und René Salathé (1927–2022) in der Toskana. Die Künstlerin Ursula Salathé erinnert sich, dass sich ihr Mann immer wieder in intensive Gespräche mit Peter Stettler vertieft habe. Als ihr Mann ihn zwei Tage vor seinem Tod im Spital besucht, liest Peter in einer umfangreichen Monographie über Stillleben.

Peter Stettler schreibt Ursula Salathé zum 44. Geburtstag einen illustrierten Geburtstagsbrief. Darin finden sich folgende vielsagende Sätze: «Wer nicht reklamiert, wird nie berühmt», «Die im Schatten sieht man nicht»[32] sowie, entsprechend bebildert: «Die Würmer werden von den Fröschen gefressen, die Frösche von den Störchen, die Störche bringen die Kinder und die Kinder haben Würmer». Als Malerin besucht Ursula Salathé über viele Jahre die abendlichen Aktzeichnen-

26 Denise Schweizer im Gespräch mit dem Autor am 16.1.2024.

27 Sibylle Ryser im Gespräch mit dem Autor am 7.3.2024. Sie besuchte 1991/92 im Rahmen der Grafikfachklasse Peter Stettlers Kurse für Akt- und Landschaftszeichnen sowie farbige Landschaftsumsetzung.

28 Ursula Salathé im Gespräch mit dem Projektteam am 29.1.2024: Stettler scheute davor zurück, sich als Künstler zu inszenieren. In einem Jubiläumsband der Basler Künstlergesellschaft wollte er explizit nicht als Künstler aufgeführt werden. Erica Schnell hingegen ist darin vertreten, bezeichnenderweise mit einem Porträtphoto, nicht aber mit einem Werk. Peter Stettler vermied es nach Möglichkeit, photographiert zu werden.

29 Sibylle Ryser im Gespräch vom 7.3.2024.

30 Thomas Neeser im Gespräch mit Iris Kretzschmar am 29.2.2024.

31 Sibylle Ryser im Gespräch vom 7.3.2024.

32 Die Äusserung dürfte von der Schlussstrophe der «Moritat von Mackie Messer» aus Bertolt Brechts Dreigroschenoper inspiriert sein: «Denn die einen sind im Dunkeln, und die andern sind im Licht. Und man siehet die im Lichte, die im Dunkeln sieht man nicht.»

ABB. 39
Toskana, 1978. Peter Stettler und Erica Schnell-Stettler, Photo: Ursula Salathé

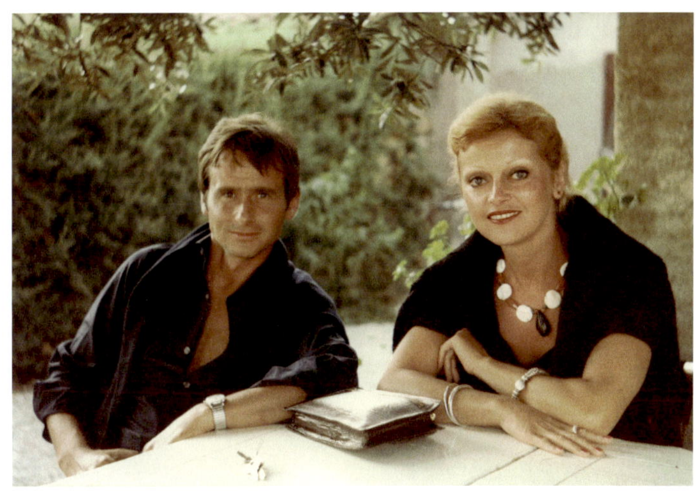

und Radierungskurse Peter Stettlers. Samstags lädt er oft einige seiner Abendkurs-Schülerinnen zu einer Landpartie ins grenznahe Elsass ein, nach Kiffis oder in die Petite Camargue. Nach gemeinsam mit Zeichnen und Malen verbrachten Stunden kehrt die Gruppe in ausgewählten Gasthäusern ein oder inszeniert legendäre Picknicks mit glänzendem Tafelsilber und Kristallgläsern. Stettler, der als Lehrer in seiner Rolle aufgeht, wird als Privatmensch keineswegs als ein humorloser Bürokrat geschildert, sondern eher als «freigebiger Bonvivant, begeistert von der französischen Kultur», als jemand, «der gerne isst und kocht und diese Aufgaben auch im Haushalt übernimmt».[33] Er gilt als hervorragender Gastgeber und Weinkenner und legt höchsten Wert auf ein ästhetisch perfektes Arrangement der Tafel und der Speisen.

Selbstzweifel trotz Anerkennung Der Künstler- und Lehrerkollege Paolo Pola erinnert sich, dass er als Mitglied der Schulwandbildkommission zweimal Peter Stettler mit dem Ankauf von Radierungen berücksichtigen konnte. «Peter hat sich so gefreut darüber, dass er mit Erica zusammen mich und meine Frau nach Colmar zu einem luxuriösen Essen einlud, wo er den ganzen Erlös von ca. 500 Franken gleich wieder verputzte».[34] Stettler vermag sich also durchaus über Erfolge zu freuen, vermeidet es aber konsequent, sich dafür zu kompromittieren – das feste Einkommen als Lehrer sichert seine künstlerische Freiheit. Äusserlich war der Vater weit erfolgreicher, die wiederholten Bildkäufe einiger Sammler zeugen aber zumindest von steter privater Anerkennung des Sohnes. Notorische Selbstzweifel hielten Peter Stettler jedoch davon ab, um Erfolg zu buhlen. Zeitlebens nimmt er an keinem Wettbewerb für Kunst im öffentlichen Raum teil, auch vermindert sich die Ausstellungstätigkeit ab Mitte der 70er-Jahre: Während zwischen 1957 und 1977 39 Einzel- und Gruppenausstellungen zu verzeichnen sind, folgen in den letzten zehn Lebensjahren nur noch deren sechs. Die hohen Ansprüche aufrechtzuerhalten, scheint massgebender gewesen zu sein als äussere Resonanz – sein unverwechselbar elaboriertes Spätwerk hätte ohne strenge Selbstreflexion und die entsprechende permanente Arbeit an sich selbst nicht entstehen können.

33 Robert Schiess im Gespräch mit dem Projektteam am 12.1.2024.

34 Paolo Pola im Gespräch mit dem Autor am 5.4.2024.

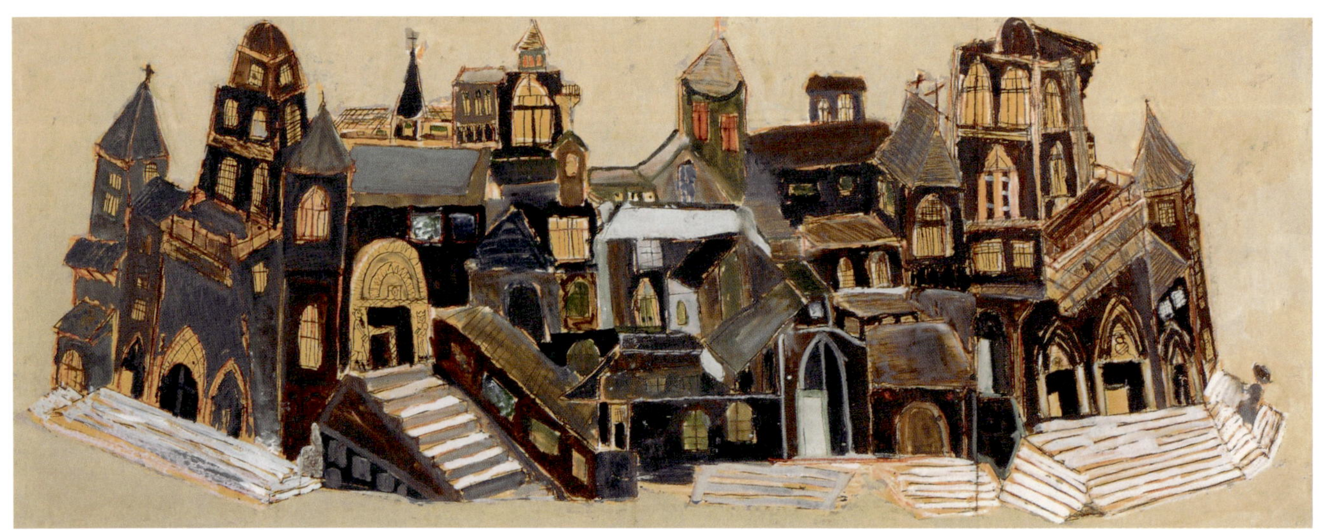

ABB. 40
Le Grand Château, 1948, Gouache, 55 × 146 cm, in: Robert Schiess: «Peter Stettler», in: *Peter Stettler. Ölbilder, Zeichnungen* (Ausstellungskatalog, Kunst Raum Riehen, 5. Juni bis 11. Juli 1999), S. 2 (Verbleib des Originals unbekannt)

Anna Lehninger

Märchenschlösser, Buntglasfenster und der Vogel Gryff
Peter Stettlers Kinderzeichnungen

«Der Entschluss zu dieser Ausstellung ist uns sehr schwer gefallen. Peter (geb. 1939) ist in meinem Atelier aufgewachsen, und wir sammelten seine Zeichnungen, ohne etwas dazu zu sagen. Wir fragten auch nie, was dieses oder jenes zu bedeuten habe, weil wir erkannten, dass dieser ‹Gwunder› das Erlebnis des Knaben stört. Unaufhörlich floss die Quelle mit feinem Empfinden für Form und Farbe, bis heute die intellektuelle Schule vieles verdrängt, weil sie alle Zeit und Kraft beansprucht. Wir bitten alle Bekannten und Freunde, die mit dem Knaben in Berührung kommen, aus verständlichen Gründen keine grossen Worte zu machen. Nelly und Gustav Stettler.»

Mit diesen knappen Worten wurden die unter der Katalognummer 246 verzeichneten Kinderzeichnungen von Peter Stettler beschrieben, die in der ersten Ausstellung der Basler Künstlergruppe «Kreis 48» vom 26. August bis zum 1. Oktober 1950 in der Kunsthalle Basel zu sehen waren.[1] Peter Stettler war der einzige Sohn des Gruppenmitglieds Gustav Stettler (1913–2005), der die Zeichnungen gemäss Datierung des ersten Blattes seit 1942 gesammelt, datiert und geordnet hatte. Abbildungen der Zeichnungen gibt es im Katalog keine, ebenso wenig eine detaillierte Auflistung der ausgestellten Kinderzeichnungen. Es ist also nicht bekannt, welche Zeichnungen genau gezeigt wurden. Eine Analyse des elterlichen Kommentars erlaubt aber einige Rückschlüsse auf die möglichen Entstehungsbedingungen der Zeichnungen und zeigt auch Widersprüche in deren Rezeption durch die Eltern auf.

1 *Kreis 48,* Ausstellungskatalog, Kunsthalle Basel, 26. August bis 1. Oktober 1950, S. 27–28.

Der Einstieg erfolgt mit dem Hinweis, dass Peter Stettler im Atelier seines Vaters «aufgewachsen» sei, wodurch gleich zu Beginn eine Sonderstellung des Zeichners gegenüber anderen Kindern markiert wird. Hier wird bereits die Narration vom künstlerisch begabten Kind vorweggenommen, wie sie in der klassischen Kunstgeschichte – von Giotto bis Paul Klee – immer wieder beschworen wurde. Dass das Kind tatsächlich nur oder vor allem im Malatelier gelebt haben soll, entspricht also eher einer proaktiven Einbettung in eine Künstlervita als einer faktischen Lebensrealität. Ebenso erscheint es schwer vorstellbar, dass die Zeichnungen über Jahre hinweg kommentarlos eingesammelt und aufbewahrt worden wären, ohne dass je ein Austausch zwischen Kind und Eltern darüber stattgefunden hätte. Die zusätzliche Betitelung auf einigen Blättern, die den Kontext der Entstehung erläutert, deutet darauf hin, dass durchaus nachgefragt wurde, was gezeichnet worden war. Auch ist es aus heutiger Sicht kaum denkbar, dass im Familienkreis nicht über die Zeichnungen des eigenen Kindes gesprochen worden wäre, und die Behauptung scheint eher vorbeugend formuliert worden zu sein, um den Vorwurf der Einflussnahme oder gar des «Mitmalens» nicht aufkommen zu lassen.

Auch dass die Entscheidung, die Bilder auszustellen, schwergefallen sei, lässt aufhorchen. Wollte man den geheimnisvollen, schönen Schatz vor der Welt verbergen? Oder erschienen die Kinderzeichnungen als in künstlerischer Hinsicht zu wenig bedeutsam, um sie im Zusammenhang mit einer professionellen Künstlergruppe auszustellen? Offensichtlich hatten die Eltern sich trotz ihrer Vorbehalte schlussendlich doch entschieden, die Bilder der Öffentlichkeit zu zeigen. Gegen eine geringschätzige Wertung spricht der einfühlsame Umgang mit dem Zeichnenden, der sich frei entfalten und zum Zeichnen im Atelier des Vaters aufhalten durfte. Auch die im Folgenden ersichtliche sorgsame, ja akribische Dokumentation der Zeichnungen belegt, dass der Vater auf die Aufbewahrung und inhaltliche Auseinandersetzung mit den Werken Peter Stettlers grossen Wert gelegt hat. Zum Schluss erstaunt aber die Bitte der unterzeichnenden Eltern, den damals elfjährigen Zeichner möglichst nicht auf seine Werke anzusprechen, als sei Lob unwillkommen oder aus Angst vor Kritik, vor der man das Kind schützen müsse. Auch dies liegt im Widerspruch zu der Präsentation im Kunstkontext, die per se eine Reaktion von aussen verlangt.

In den Besprechungen der Ausstellung in der Kunsthalle bleiben Peter Stettlers Kinderzeichnungen bis auf eine Ausnahme unerwähnt. Einzig ein Artikel in der Zeitung *Vorwärts* vom 9. September 1950 wiederholt im Grunde die Einschätzung aus dem Katalog:

«Zum Schluss der Ausstellung wird man mit den herrlichen Bildern des elfjährigen Peters überrascht. Diese gesunde Kindernatur schafft Werkchen, die eine starke künstlerische Empfindung verraten. Wir gratulieren den Eltern Stettler, dass es ihnen gelungen ist, neben der, der Phantasie eher feindlichen Schule, diese Begabung zu erhalten und gedeihen zu lassen.»[2]

Wie auch im Vorwort der Eltern ist hier eine Skepsis gegenüber der «intellektuellen» Schule zu vernehmen, die als die Fantasie beschränkend oder dieser gar feindlich gesinnt verstanden wird. In diesem Zusammenhang sei auf den Bericht von Peter Stettlers Freund Uli Schierle hingewiesen, wonach der junge Peter auf Betreiben des Vaters vom schulischen Zeichenunterricht «befreit» wurde (siehe S. 49). Demnach war es Gustav Stettler ein grosses Anliegen, das zeichnerische Talent seines Sohnes nicht durch den vermeintlich die Kreativität hemmenden Einfluss des Schulzeichnens zu stören. In welcher Form er sich bis zum Ende seiner Lehre als Schriftenmaler selbständig schulte und weiterentwickelte, ob durch Selbststudium und die Arbeit nach alten Meistern, der Kunst der Moderne oder den Werken des Vaters, lässt sich nicht durch Quellen belegen, sodass wir nur Vermutungen anstellen können.

Photographien oder Dokumente zu der Schau von 1950 existieren keine und weitere Ausstellungen von Peter Stettlers Kinderzeichnungen gab es vermutlich auch nicht. Eine grossformatige Gouache von 1948 **ABB. 40** hat der Künstler viele Jahre später selbst in seinem Atelier ausgestellt, der Verbleib des Originals ist aber unbekannt.[3]

Eine Kindheit in Bildern

Tatsache ist, dass Gustav Stettler die Zeichnungen seines Sohnes über Jahre hinweg aufbewahrt und zu einer umfassenden Sammlung zusammengestellt hat. Drei schlichte graue Mappen enthalten 165 dünne Kartons (35 × 50 cm), auf denen 177 Zeichnungen und Druckgraphiken von Petter Stettler aufgezogen sind.[4] Diese stammen aus dem Zeitraum zwischen 1942 und 1954. Die Bandbreite der Techniken erstreckt sich von Bleistift und Farbstift über Aquarell und Gouache bis zur Kaltnadelradierung. Zum Teil sind die Zeichnungen auf hochwertigem Zeichenpapier entstanden, zum Teil auf kleinen Papierstücken oder Altpapier. Die Motive zeigen vor allem Porträts, ausserdem märchenhafte Schlösser und Städte, zahlreiche Glasfenster mit religiösen Motiven und Zeichnungen, die offenbar bei oder nach Museumsbesuchen beziehungsweise aus Büchern nach den Werken alter Meister und moderner Künstler entstanden sind.

2 ib: «Kreis 48», in: *Vorwärts. Die sozialistische Zeitung,* 11. September 1950, S. 4.

3 Abbildung des Originals in Robert Schiess: «Peter Stettler», in: *Peter Stettler. Ölbilder, Zeichnungen* (Ausstellungskatalog, Kunst Raum Riehen, 5. Juni bis 11. Juli 1999), S. 2.

4 Die drei Mappen sind jeweils betitelt mit «Peters Zeichnungen» und weiter wie folgt beschriftet: «3–6 Jahre, 1–66; 6–9 Jahre, 67–123; 9–15 Jahre, 124–181 + 3, 184».

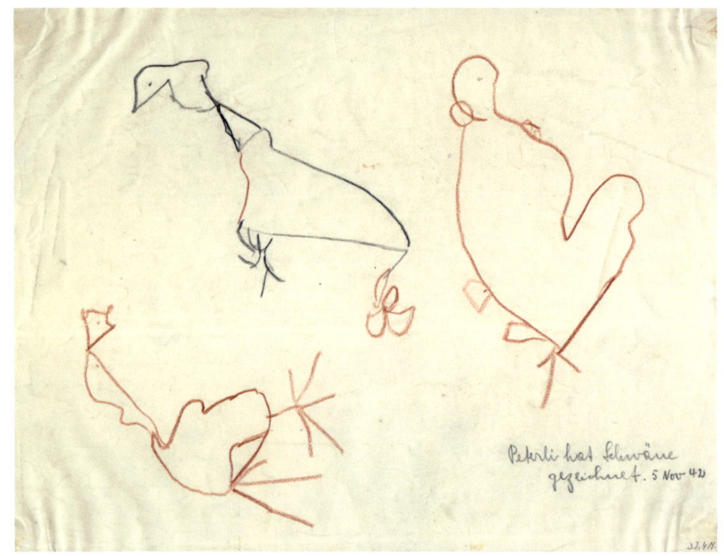

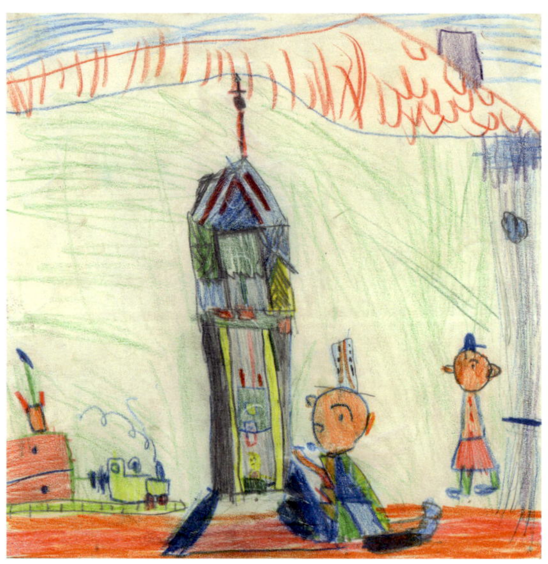

ABB. 41 ↑
«Peterli hat Schwäne gezeichnet»,
5. November 1942,
3 Jahre, 4 Monate, Farbstift auf
Papier, 21 × 28 cm (Nr. 1)

ABB. 42 ↗
Spielendes Kind mit Eiffelturm aus Holz, 1943, 4 Jahre,
Farbstift und Bleistift auf Papier,
19,8 × 20 cm (Nr. 20)

Penibel wurde vom Vater auf den Unterlagekartons das Entstehungsjahr vermerkt sowie das Alter des Jungen mit Altersjahr und -monat. Manchmal finden sich noch weitere Notizen auf oder unterhalb des Bildes: «Peterli hat Schwäne gezeichnet» hat der Vater beispielsweise auf der ältesten Zeichnung vom 5. November 1942 notiert **ABB. 41**. Es handelt sich also um eine vom Vater getroffene und kuratierte Auswahl. Wir wissen nicht, ob es sich bei diesen Blättern um alle Zeichnungen Peter Stettlers handelt, ob Gustav Stettler nur jene Bilder in die Sammlung aufnahm, die ihm als gelungen oder repräsentativ erschienen, und ob er Missliebiges bewusst ausschied. Es ist anzunehmen, dass die zeichnerische Produktion viel grösser war und die dokumentierten Zeichnungen gezielt als Entwicklungslinie zusammengestellt wurden. Die ersten Zeichnungen stammen aus der Zeit, als Peter Stettler drei oder vier Jahre alt war, die letzten aus dem Alter von 15 Jahren; es liegt somit ein Überblick über seine zeichnerische Entwicklung vom Kleinkind bis zum Jugendlichen vor.

Darstellungen im Kleinkindalter

Thema der im Alter von drei bis vier Jahren entstandenen Zeichnungen sind vor allem kindliche, sorgfältig gekleidete Figuren sowie Szenen aus dem Alltag des Kindes: Häuser, Züge, Tiere, Blumen sowie eine Figur, die eine Hexe oder ein Zauberer sein könnte. In später entstandenen Zeichnungen überwiegen Porträts und Experimente mit verschiedenen Kunststilen und -techniken – vom japanischen Farbholzschnitt bis zum Kubismus. Wie bei vielen Kindern in diesem Alter entstanden viele Zeichnungen auch als Geschenke für Familienmitglieder, so zeichnete der Fünfjährige einen «Sonntagsspaziergang» mit prächtig gekleideten Damen und roten Schneeflocken «für Vati» und die «Drei Könige mit Geschenken» «für Mammi» auf Weihnachten 1944. Weihnachtsmann und Christkind sowie Engelfiguren erscheinen auf einigen Bildern in aufwendig gestalteten Kleidern und Kompositionen.

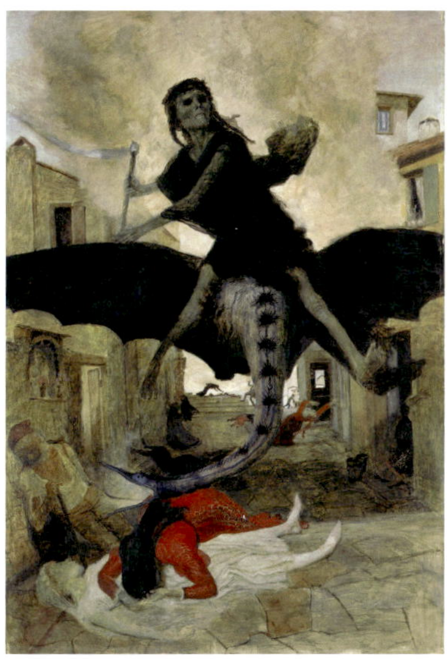

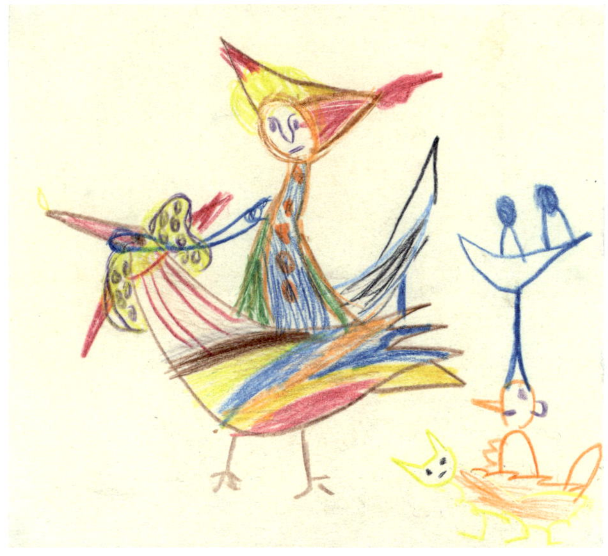

Die meisten Zeichnungen sind sorgsam in Farbstift, hin und wieder in Aquarell oder Gouache koloriert, es gibt aber auch reine Bleistiftzeichnungen. Eine Farbstiftzeichnung zeigt gemäss väterlicher Beschriftung einen Spielzeug-Eiffelturm: «Von Herrenschneider Meyer, Spalenberg 12 Eiffelturm aus Holz mit Lift geschenkt bekommen» **ABB. 42**. Das vierjährige Kind zeichnet sich selbst beim Spielen mit dem bunt gefärbten Turm, der mehr einer fantastischen Rakete gleicht, die mitten im Kinderzimmer gelandet ist, als Gustave Eiffels Eisenkonstruktion. Durch die Vorstellungskraft des Zeichners ist aus einem Wunder der Technik ein märchenhaftes Bildwerk (mit Lift!) entstanden. Der Fokus im Ausdruck liegt dabei auf der fast andächtigen Versunkenheit des Kindes in seinem Spiel.

ABB. 43 ↖
Arnold Böcklin, *Die Pest*, 1898, Kunstmuseum Basel, Inv. 114

ABB. 44 ↑
«Museumsbesuch mit Vater (Die Pest von A. Böcklin, gesehen, 1944)», Farbstift auf Papier, 15,5 × 17,5 cm (Nr. 39)

Auch andere Bilder des Kleinkindes sind von einer nachdenklichen, lyrischen Stimmung durchzogen. Dies wird auch in der meist zarten, fein aufgetragenen Farbigkeit reflektiert – expressiver Farbauftrag ist Stettlers Sache eher nicht. Es sind vielmehr die ausgewogene Komposition und die stoische Haltung der Figuren (die kaum in Interaktion miteinander zu stehen scheinen, wie auch später in den Bildern des Erwachsenen), die den Ausdruck dieser frühen Bilder prägen.

Bemerkenswert erscheint in diesem Zusammenhang Stettlers zeichnerische «Umdeutung» von Arnold Böcklins Gemälde *Die Pest* von 1898, das der Fünfjährige gemäss Beschriftung bei oder nach einem Museumsbesuch mit dem Vater **ABB. 44** gezeichnet hat. Mit farbenfroher Unverblümtheit interpretiert er Böcklins düsteres Gemälde der todbringenden Seuche in Form eines sensenschwingenden Wesens mit Drachenkörper und Fledermausflügeln, das in einer engen Gasse reihenweise die Menschen niedermäht, in ein buntfarbiges Mischwesen aus Mensch und Vogel bzw. in einen Vogelreiter um. Stettler entwirft gleichsam ein lebensbejahendes Gegenbild zu der grausamen Bildformulierung Böcklins **ABB. 43**,

5 Dorothea Christ: «60. Die Pest 1898», in: Dorothea Christ und Christian Geelhaar: *Arnold Böcklin. Die Gemälde im Kunstmuseum Basel,* Sammlungspublikation, Basel-Einsiedeln 1990, S. 142.

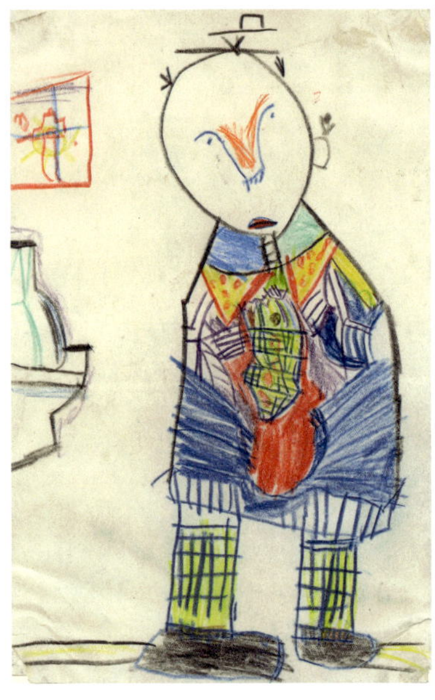

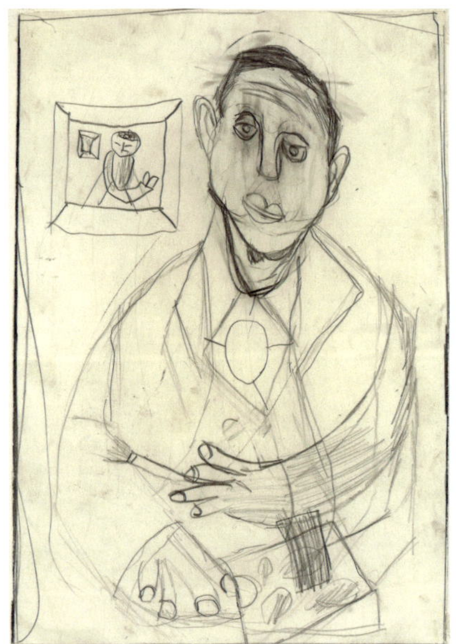

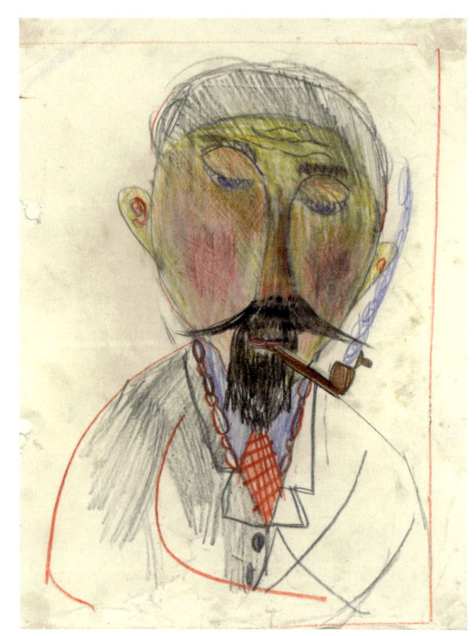

ABB. 45
Ohne Titel (Figur), 1944, 5 Jahre, 1 Monat, Farbstift auf Papier, 23 × 15 cm (Nr. 42)

ABB. 46 ↗
«Der Maler Paul Stöckli», 1946, 6 Jahre, 6 Monate, Bleistift auf Papier, 30,3 × 21,5 cm (Nr. 76)

ABB. 47 ↗↗
Ohne Titel (Porträt), 1947, 8 Jahre, 6 Monate, Farbstift und Bleistift auf Papier, 27,4 × 23 cm (Nr. 118)

der, wie Dorothea Christ es ausgedrückt hat, darin «seine Schreckgespenster und Dämonen in Bildform bannen» musste.[5] Aus der Schreckensvision Böcklins wird ein fröhliches Fantasiewesen, das bezeugt, wie frei der junge Zeichner mit kunsthistorischen Vorbildern umging.

Porträts

Viele der Zeichnungen zeigen Menschen in ganz- und halbfigurigen Darstellungen. Mit fünf Jahren zeigt Peter Stettler eine Figur in kunstvoll gemusterter Kleidung, die ebenso eine erwachsene Person wie ein Kind sein könnte **ABB. 45**. Ein kleiner Hut schwebt gleichsam über dem Kopf der Figur, links im Bild finden sich zwei den Raum definierende Elemente (ein Fenster, ein Gerät?).

Bereits früh erscheinen auch Einzel- und Gruppenporträts, wobei sich hier wohl am ehesten ein Einfluss von Gustav Stettler feststellen lässt. Tagtäglich umgeben von den Arbeiten des Vaters, war eine gewisse Vorbildwirkung von dessen Werk für den Jungen naheliegend, der sich auch von Kunstwerken in Museen und Kirchen inspirieren liess. Nachdenklich vor sich hinblickende Herren **ABB. 46**, die Pfeife rauchen **ABB. 47**, oder Gesichter, die aus einem gefärbten und gemusterten Hintergrund herauszuwachsen scheinen **ABB. 48**, werden mit grosszügigem Zeichenstrich auf das Papier gesetzt. Wie auch in den Kinderszenen werden die – meist als halbfigurige, blattfüllende Porträts angelegten – Darstellungen von einer ruhigen und in sich versunkenen Stimmung getragen.

Hut und Pfeife sind wiederkehrende Accessoires, ebenso wie dem Berufsstand realer Personen zugehörige Gegenstände. So hat der Der Geiger Eugen Fürst von 1946 neben den Zubehören Brille und rauchende Pfeife auch eine Geige bei sich, die er im Arm hält. Ein weiteres identifizierbares Porträt zeigt den Maler

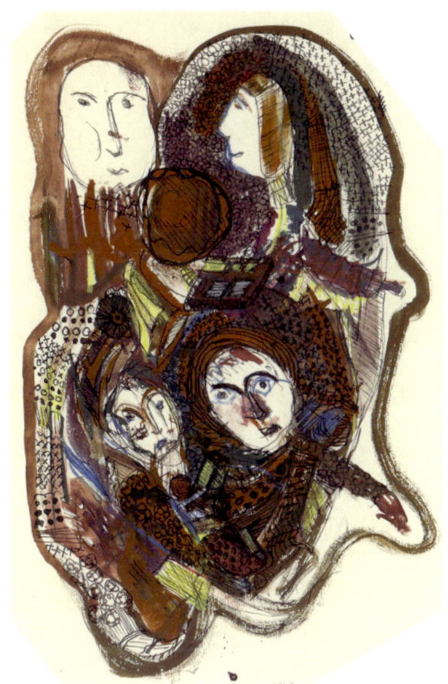

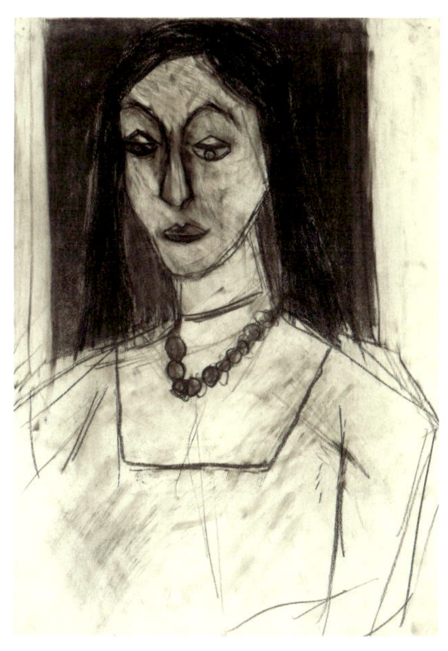

ABB. 48 ↖
Ohne Titel (Gesichter), 1949, 10 Jahre, 2 Monate, Aquarell, Gouache und Tusche auf Papier, 32,5 × 22 cm (Nr. 151)

ABB. 49 ↑
Ohne Titel (Porträt), 1950, 11 Jahre, 4 Monate, Kohle auf Papier, 41,2 × 29,3 cm (Nr. 162)

Paul Stöckli, der ebenfalls zur Künstlergruppe «Kreis 48» gehörte und den Peter Stettler 1946 im Alter von sechseinhalb Jahren zeichnete ABB. 46. Frontal sitzt uns der Maler in der Bleistiftzeichnung gegenüber, den Pinsel in der linken Hand wie im Schwung vor sich führend, die riesige rechte Hand vor sich auf der Farbpalette liegend. Ein kleines gerahmtes Bild links im Hintergrund deutet nicht nur die Begrenzung des Bildraumes an, sondern nimmt in der darin dargestellten Figur die Armbewegung des Malers auf und bildet ein kompositorisches Gegengewicht. Nota bene ist auch in diesem Bildchen links ein gerahmtes Gemälde zu sehen, in dem wiederum ein Porträt mit Gemälde zu sehen ist, als würde sich das Motiv wie in einem Spiegel perpetuieren. Die Aufmerksamkeit für solche – sparsam, aber wirkungsvoll eingesetzte – Details sowie die immer wiederkehrende Darstellungsweise im Halbporträt lassen die Vorbildwirkung der Gemälde und Druckgraphiken des Vaters erahnen.

Ein Damenbildnis in strengem Schwarz-Weiss nimmt die Gestaltungsprinzipien der Porträts Gustav Stettlers auf ABB. 49. Vor einem rechteckigen schwarzen Feld zeichnet sich markant das Gesicht der Porträtierten ab, die Linie bildet hier in Ermangelung einer farblichen Strukturierung das den Körper definierende Gestaltungselement. Der Elfjährige erweist sich wie auch in anderen Bildnissen als einfühlsamer Porträtist, der die meditative Stimmung Gustav Stettlers frei mit kindlichen Gestaltungselementen wie der markanten Nasen- und Augenpartie kombiniert.

Märchenschlösser und Fantasiekostüme

In der Gouachemalerei *Le Grand Château* von 1948 ABB. 40 hat Peter Stettler eine gross angelegte, verschachtelte, von zahlreichen Treppen durchzogene Schlossanlage entworfen. Schlösser, Schiffe und prachtvolle Kleider und Kostüme

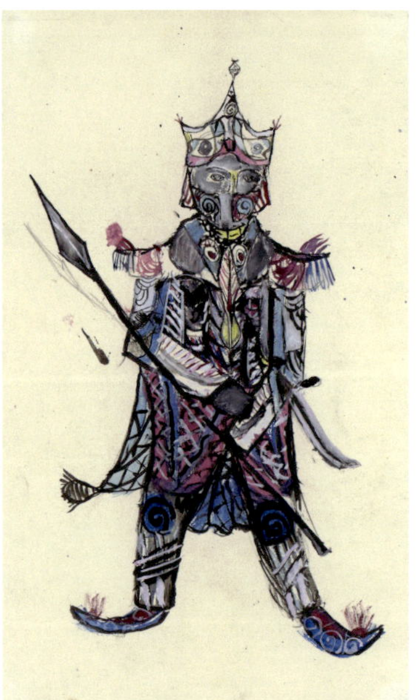

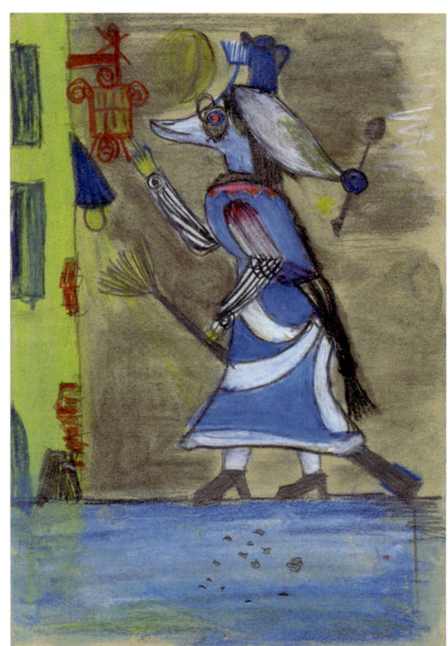

ABB. 50
Ohne Titel (Kostüm), 1950, 11 Jahre, Gouache, Tusche und Aquarell auf Papier, 33,6 × 20,6 cm (Nr. 160)

ABB. 51→
Ohne Titel (Figur mit Besen), 1950, 10 Jahre, 8 Monate, Aquarell, Gouache, Farbstift und Bleistift auf Papier, 21 × 14,8 cm (Nr. 155)

bilden einen weiteren Schwerpunkt in der Kinderzeichnungssammlung. Märchenschlösser mit vielen bunten Türmen und Türmchen, zierlichen Gittern und prächtigen Brücken erscheinen als magische Orte, hinter deren farbenschillernden Mauern sich wohl viele Geschichten und Geheimnisse verbergen. Kaum je sind Figuren zu sehen, als hätte Peter Stettler sich hier erst die Kulissen ausgedacht für ein noch zu schilderndes Geschehen.

Sein Faible für die Darstellung bunt gemusterter Kleidung kommt auch in der zeichnerischen Behandlung von Kostümen und Motiven aus der ägyptischen und asiatischen Kunst zum Tragen. Einmal entwirft er sogar einen farben- und detailreichen Anzug, der mit kunstvoll geformtem Helm und Gesichtsschutz wie eine japanische Rüstung aussieht ABB. 50. Mehrmals trifft man asiatisch anmutende Porträts, Darstellungen von Objekten asiatischen Ursprungs und sogar eine Zeichnung nach einem japanischen Farbholzschnitt an – der junge Zeichner scheint eine grosse Affinität zur bildenden Kunst Ostasiens verspürt zu haben, die ihn aber auch gleichzeitig zu eigenen Interpretationen anregte. Das Studium eines kunsthistorischen Vorbilds verschmilzt so mit der eigenen Vorstellung eines kunstvoll gestalteten Prachtgewandes mit einer Fülle von farbigen Verzierungen, die auch andere Motive wie die Glasfenster oder die Kleider von Porträtierten auszeichnen. Im Gegensatz zu Gustav Stettler, «der Farbe bewusst gewichtet, um die Bildkomposition zu präzisieren»,[6] hat die Farbe in Peter Stettlers Kinderzeichnungen einen ganz anderen Stellenwert: Zwar setzt auch er Farben sparsam ein, aber gezielt, und dann mit einer zarten Verspieltheit und Gestaltungsfreude, die bei aller Ernsthaftigkeit das Kindliche der Gestaltungen bewahren und zu ihrer Individualisierung beitragen.

6 Simon Baur: «Gustav Stettler – Ein Schwarzmaler mit Pfiff», in: *Die Basler Künstlergruppe Kreis 48*, hrsg. von Margrit Gass, Markus Glatt und Andreas Jetzer, Basel 2016, S. 182–193, hier S. 184.

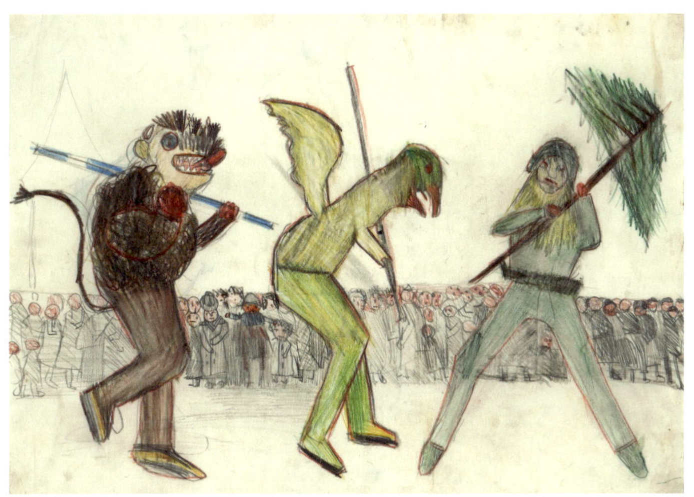

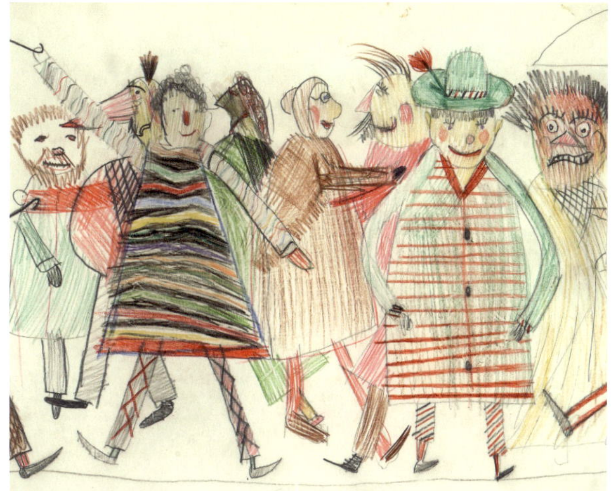

Kinderfreuden. Eine Laternenanzünderin und der Tanz des Vogel Gryff

In einer Zeichnung taucht eine Figur auf, die an die Filifjonka aus den seit 1945 erschienenen Mumin-Geschichten der finnlandschwedischen Autorin und Illustratorin Tove Jansson denken lässt ABB. 51 – eine hochgewachsene Gestalt mit spitzer Schnauze und Hütchen, die sich durch einen neurotischen Putzzwang auszeichnet.[7] Die Figur in der Zeichnung trägt einen Besen bei sich und ist dabei, eine Laterne an einer Hauswand anzuzünden. Ob die Stettlers Beziehungen nach Skandinavien hatten oder wie Peter Stettler sonst zu dem Vorbild gekommen sein könnte, ist ein noch ungelöstes Rätsel im Bildkosmos des Zeichners. Eine Figur der Basler Fasnacht wäre als Vorbild ebenso denkbar, hatte dieses Basler Fest doch eine grosse Anziehungskraft für Stettler; fantasievoll kostümierte Basler Fasnachtfiguren paradieren durch viele seiner Bilder.

Ein besonderes bildliches Denkmal hat Peter Stettler schliesslich einer heraldischen Figur aus Basel gesetzt. Vogel Gryff (Greif), Wilde Maa (Wilder Mann) und der einen kleinen Tannenbaum tragende Leu (Löwe) – diese drei kostümierten Figuren tanzen jeweils im Januar bei einem Umzug durch das Kleinbasel ABB. 52. Bei diesem Anlass handelt es sich um ein Winterfest, das neben der Fasnacht zu den beliebtesten Festen in Basel zählt.[8] Sicher hat der junge Peter Stettler dieses Ereignis oft erlebt; zwei grossformatige Zeichnungen dokumentieren jedenfalls seine intensive Auseinandersetzung mit den kostümierten Figuren sowie mit der Masse von Zuschauer:innen im Hintergrund. In der Darstellung des Publikums bzw. in einer weiteren Strassenszene zeigt sich, dass den siebeneinhalbjährigen Zeichner im Januar 1947 die Darstellung von Passanten vor- und hintereinander, mit räumlichen Überschneidungen und unterschiedlichen Bewegungen, ebenso interessierte wie die Kostüme und Schrittstellungen der kostümierten Tänzer ABB. 53.

ABB. 52 ↖
Ohne Titel (Wilde Maa, Vogel Gryff und Leu), 1947, 7 Jahre, 7 Monate, Farbstift und Bleistift auf Papier, 30,8 × 44 cm (Nr. 104)

ABB. 5 ↑
Ohne Titel (Zuschauer, Festteilnehmer), 1947, 7 Jahre, 8 Monate, Farbstift und Bleistift auf Papier, 29,8 × 37,8 cm (Nr. 105)

7 Zu Tove Janssons Muminwelt vgl. Paul Gravett: *Tove Jansson*, Bibliothek der Illustratoren, Zürich 2022.

8 Die kindliche Faszination für den Vogel Gryff hat Emil Schäfer 1953 im *Basler Jahrbuch* anschaulich beschrieben, vgl. Emil Schäfer: «Vom ‹Vogel Gryff›», in: *Basler Jahrbuch* 1953, Basel 1953, S. 185–198.

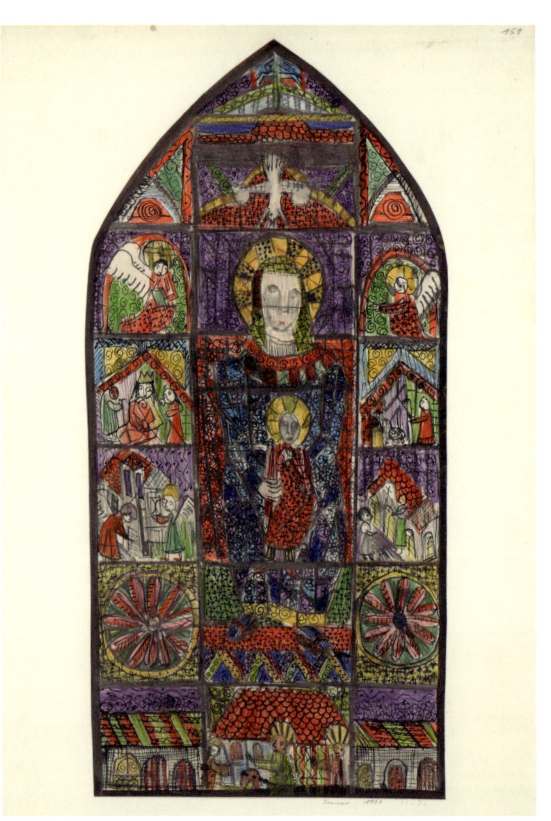

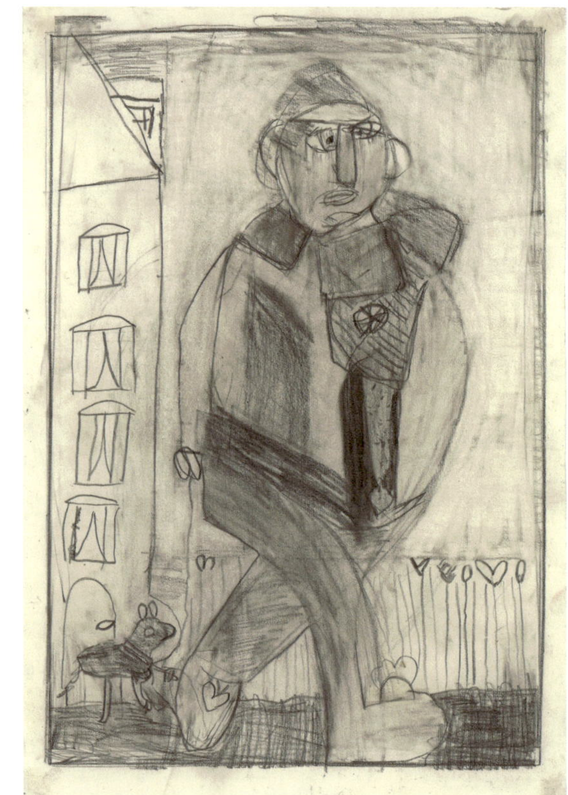

ABB. 54 ↑
Ohne Titel (Glasfenster), Januar 1950, 10 Jahre, 11 Monate, Farbstift, Tinte und Bleistift auf Papier, 47,4 × 22,6 cm (Nr. 159)

ABB. 55 ↗
Ohne Titel (Figur in Schrittstellung), 1946, 6 Jahre, 6 Monate, Bleistift auf Papier, 34 × 24,2 cm (Nr. 77)

Glasfenster, Engel und Madonnen

Eine fast magische Anziehungskraft scheint von kirchlichen Glasfenstern auf den sechs- bis zehnjährigen Peter Stettler ausgegangen zu sein ABB. 54. Mindestens fünf Bilder in dem Konvolut zeigen schmale Fenster mit spitzem oder rundem Bogen und in kleinteiligen, mit Blei- oder Farbstift vorgezeichneten Feldern buntfarbige religiöse Motive, die der Junge bei Besuchen in Berner oder Basler Kirchen gesehen haben mag. Farbenpracht und Fleissarbeit zeichnen diese Bilder gleichermassen aus. Ob der Junge nach realen Fenstern zeichnete oder lediglich deren Erscheinungsbild übernahm und eigene Szenen erfand, wäre anhand von Abgleichen mit Kirchenfenstern zu klären. Zu den figürlichen Elementen der Engel und Heiligen kombinierte Stettler gekonnt dekorative Muster und abstrakte Motive und malte die zahlreichen winzigen Felder mit dem gleichen Fleiss und der gleichen Beharrlichkeit aus wie einst die Künstler, die die bunten Glasstücke in die Bleistege eingefügt haben.

Zahlreiche Zeichnungen zeigen Madonnen, Engel und Weihnachtsfiguren, wobei sich auch hier die Frage nach möglichen kunsthistorischen Vorbildern stellt – Peter Stettler besuchte nachweislich Kunstmuseen und hatte Zugang zu kunsthistorischer Literatur bzw. bebilderten Kunstbänden. Bislang lassen sich keine eindeutigen Vorlagen nachweisen, vielmehr scheint es, dass der Junge aufgrund seiner Erinnerung an das Gesehene zu ähnlichen, aber doch eigenständigen Motiven von Madonnenporträts und fliegenden Engelsfiguren gelangte.

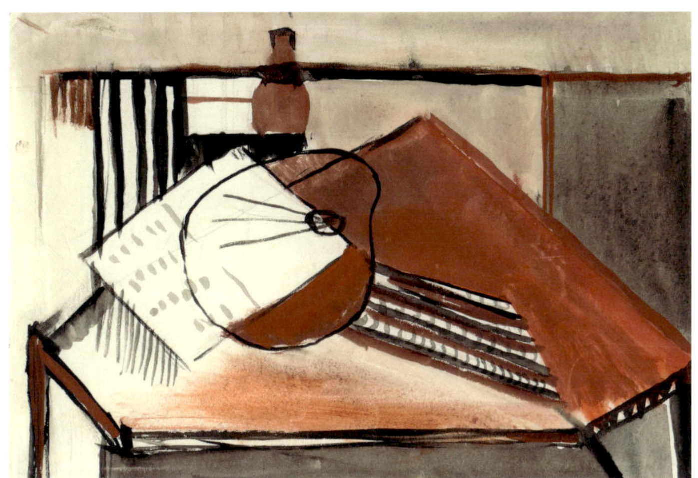

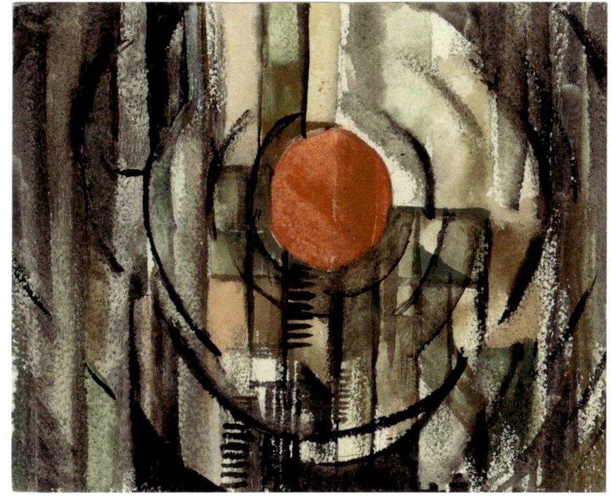

ABB. 56 ↖
Ohne Titel (Stillleben), 1954, 14 Jahre, 8 Monate, Aquarell, Gouache und Tusche auf Papier, 16,6 × 24,8 cm (Nr. 173)

ABB. 57 ↑
Ohne Titel (Komposition), 1954, 15 Jahre, Aquarell, Gouache und Tusche auf Papier, 14,8 × 19 cm (Nr. 181)

Peter Stettler und die Kunst der Moderne. Die Suche nach dem Raum

Auch nach der Ausstellung von 1950 setzte Gustav Stettler die Dokumentationsarbeit über die Zeichnungen seines Sohnes fort. Die Werke im Alter zwischen zwölf und 15 Jahren dokumentieren Peter Stettlers Auseinandersetzung mit der Formensprache des Kubismus und weisen in der Ernsthaftigkeit, mit der sich der Jugendliche damit befasste – in einem Alter, in dem die meisten Menschen den Zeichenstift aus der Hand legen –, auf seine spätere Arbeit als Künstler voraus. Waren vorher noch das Farbenspiel, die fantastische Motivik und die oft verspielte Detailarbeit prominent, zeichnen sich die Jugendarbeiten durch Sachlichkeit und Zielstrebigkeit in der Arbeit mit Form und Farbe aus.

Während in einer Bleistiftzeichnung des Sechsjährigen eine Figur (vor einem Haus mit vorhanggeschmückten Fenstern und mit Hündchen an der Leine) in dynamischer Schrittstellung den Bildraum nicht nur einfach abschreitet, sondern gleichsam erobert ABB. 55, wendet sich der Jugendliche nun anderen Formen der Raumbehandlung zu. In einem an den Kubismus angelehnten Stillleben kippt der 14-jährige Stettler einen Tisch mit Gegenständen wie einer angedeuteten Farbpalette ins Ungewisse ABB. 56 und arbeitet sich in mehreren Blättern an den Formprinzipien dieser alles zersplitternden Kunstrichtung ab. Auch als Erwachsener sollte er regelmässig auf diese Darstellungsform zurückgreifen. Überhaupt scheint vieles, das Peter Stettlers späteres Bilduniversum ausmacht, in den Kinderzeichnungen vorweggenommen oder zumindest angedeutet zu sein (siehe S. 37). Schliesslich hat Stettler auch den Weg in die Abstraktion beschritten ABB. 57: Um eine leuchtend rote Kreisfläche in der Mitte entspinnt sich ein schwarzes, wie ein Spinnennetz angeordnetes Liniengeflecht, das keinen Raum kennt. Als erwachsener Künstler blieb Peter Stettler bei der gegenständlichen Malerei, aber als Teenager experimentierte er auch vorbehaltlos mit abstrakten Darstellungsformen.[9]

9 Mehrere Kaltnadelradierungen aus den Jugendjahren belegen auch Stettlers Experimentieren mit dieser Drucktechnik und damit seine Neigung, Neues auszuprobieren und verschiedene Gestaltungsformen zu erkunden.

Der rote Kreis in Peter Stettlers abstrakter Komposition bildet auch den Schlusspunkt von Gustav Stettlers Dokumentation der Zeichnungen seines Sohnes. Auf wundersame, glückliche Weise hat sich dieser zeichnerische Gang durch eine Basler Kindheit der 1940er- und 1950er-Jahre erhalten. Das Konvolut erlaubt aber nicht nur einen Einblick in die zeichnerische Entwicklung eines Kindes aus einem Künstlerhaushalt, das später selbst Maler werden sollte, sondern ermöglicht auch den Vergleich mit anderen Kunstströmungen der Zeit, die sich bewusst der Kindheit als bildgestalterischer Sphäre zuwandten, um sich davon inspirieren zu lassen.

Kinderzeichnungen als Inspiration für Künstler:innen der Moderne

Nicht nur der «Kreis 48» befasste sich – zumindest vordergründig – mit Kinderzeichnungen. Die ebenfalls 1948 gegründete Künstlergruppe «CoBrA», zu der unter anderem Asger Jorn und Karel Appel gehörten, beschäftigte sich – meist von den Zeichnungen der eigenen Kinder ausgehend – mit dem bildnerischen Ausdruck von Kindern, den sie als Inspirationsquelle nutzten.

Wie Inge Herold beschreibt, war «CoBrA» nach dem Ende des Zweiten Weltkriegs auf der Suche nach unverbrauchten Ausdrucksformen zur Inspiration des eigenen Schaffens: «Die Suche nach Ursprünglichkeit und Sehnsucht nach Freiheit auf der einen Seite und Antispezialismus, Antikulturalismus und Verneinung von Stil auf der anderen Seite waren wesentliche Faktoren.»[10]

Während «CoBrA» dezidiert in einen Dialog mit den Kindern und deren Werken trat, scheint dies beim «Kreis 48» so nicht der Fall gewesen zu sein, doch weisen manche Elemente in Werken Romolo Espositos neben dem Vorbild Marc Chagalls auf einen «kindlichen» Ursprung hin – «Wunschwirklichkeit» und Erzählfreude sind auch in den Bildern Peter Stettlers zu finden.[11] Der von Peter Stettler porträtierte Paul Stöckli setzte sich mit schweizerischer Volkskunst auseinander, auch sein Interesse für die Fasnacht wäre ein Anknüpfungspunkt zu den Kinderzeichnungen gewesen. Eine direkte Bezugnahme auf die Zeichnungen Peter Stettlers ist aber nicht dokumentiert.[12] Eine vertiefte Analyse von Werken aus dem «Kreis 48» aus den frühen 1950er-Jahren im Vergleich mit den Kinderzeichnungen könnte erhellen, ob hier ähnliche Synergien wie bei «CoBrA» entstanden.

Über Stettlers eigene Auseinandersetzung mit seinen Jugendwerken ist kaum etwas überliefert. Bekanntlich besann sich Paul Klee im Lauf seiner Karriere wieder auf seine Kinderzeichnungen und integrierte eine Auswahl in sein Werk-

10 Inge Herold: «CoBrA ist eine Kunstform, die Kindheit anstrebt [...] mit den Mitteln, die Erwachsenen zur Verfügung stehen», in: *Becoming CoBrA. Anfänge einer Europäischen Kunstbewegung,* hrsg. von Christa Bergemann, Inge Herold und Johan Holten (Ausstellungskatalog, Kunsthalle Mannheim, 19. November 2022 bis 5. März 2023), S. 92–107, hier S. 93.

11 Hans-Joachim Müller: «Romolo Esposito. Der Phantast», in: *Die Basler Künstlergruppe Kreis 48,* hrsg. von Margrit Gass, Markus Glatt und Andreas Jetzer, Basel 2016, S. 56–61, hier S. 61.

12 Simon Baur: «Paul Stöckli – Traumtänzer zwischen Linien und Zeichen», in: *Die Basler Künstlergruppe Kreis 48,* hrsg. von Margrit Gass, Markus Glatt und Andreas Jetzer, Basel 2016, S. 194–205, hier S. 194 und S. 199 (Abb., S. 201).

verzeichnis.[13] So weit wie Klee ging Peter Stettler nicht. Aber fast 50 Jahre nach der Basler Ausstellung seiner Kinderzeichnungen, im Sommer 1998, stellte Stettler in seinem Atelier einige seiner Kinderzeichnungen späteren Werken gegenüber, um Aspekte aus seinem frühen und späten Schaffen zu vergleichen. Er «verspürte offenbar in jenem Sommer die Notwendigkeit, eine Art zeichnerische Bilanz zu ziehen und sich zu fragen, wohin ihn sein künstlerischer Weg geführt habe».[14] Stettler hatte die von seinem Vater gesammelten Zeichnungen sein Leben lang aufbewahrt und trat wenige Monate vor seinem Tod noch einmal in Dialog mit den Bildzeugnissen seiner Kindertage. Heute sind wir ebenfalls in der Lage, mit nochmals grösserer zeitlicher Distanz, Schlüsse aus dem Vergleich von kindlichem Schaffen und dem späteren Werk des professionellen Künstlers zu ziehen. Bei der Sammlung von Peter Stettlers Kinder- und Jugendzeichnungen handelt es sich um ein bemerkenswertes Zeugnis einer Beziehung zwischen zeichnendem Sohn und Künstlervater, der die künstlerische Entwicklungslinie seines Kindes dokumentiert und gleichzeitig ein berührendes Dokument einer Kindheit überliefert hat.

13 *Klee und CoBrA. Ein Kinderspiel,* hrsg. vom Zentrum Paul Klee, Bern (Ausstellungskatalog, Zentrum Paul Klee, Bern, 25. Mai bis 4. September 2011), Ostfildern 2011, S. 73.

14 Robert Schiess: «Peter Stettler», in: Peter Stettler. Ölbilder, Zeichnungen (Ausstellungskatalog, Kunst Raum Riehen, 5. Juni bis 11. Juli 1999), S. 3–11, hier S. 3.

ABB. 58
Afrika Laden, 1990
Öl auf Leinwand, 160 × 125 cm
ARK Basel

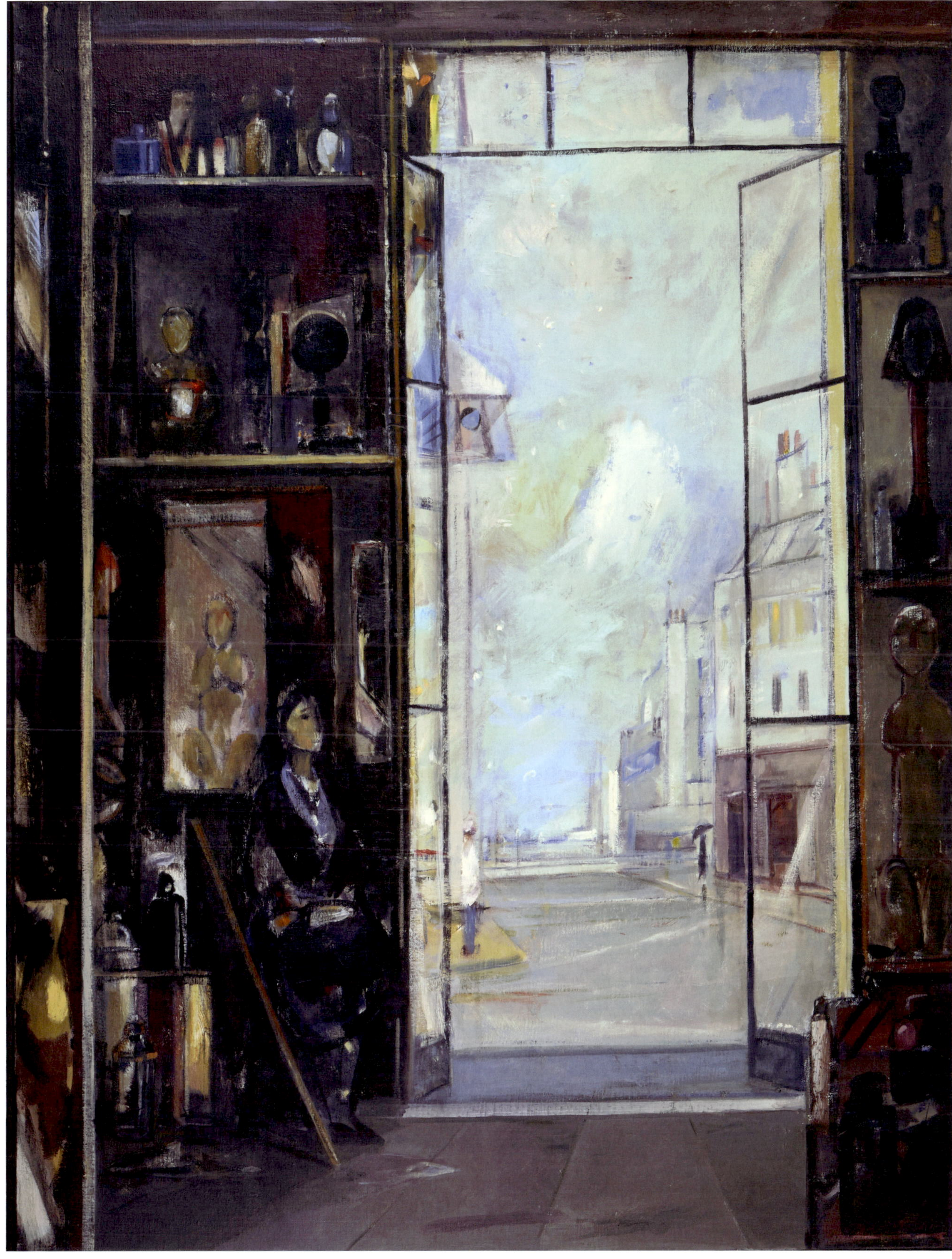

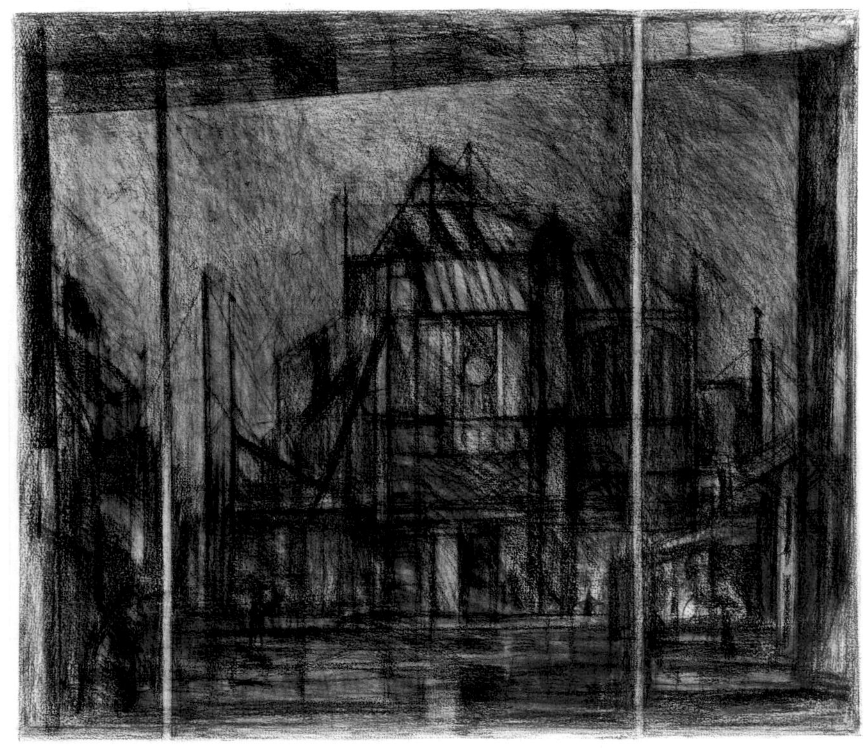

ABB. 59
Die Hallen in Troyes, 1997
Kohle auf Papier, 54 × 65 cm (Bildgrösse)
ARK Basel

ABB. 60 →
Vorstadtcafé Ausblick, 1991–1992
Öl auf Leinwand, 160 × 200 cm
ARK Basel

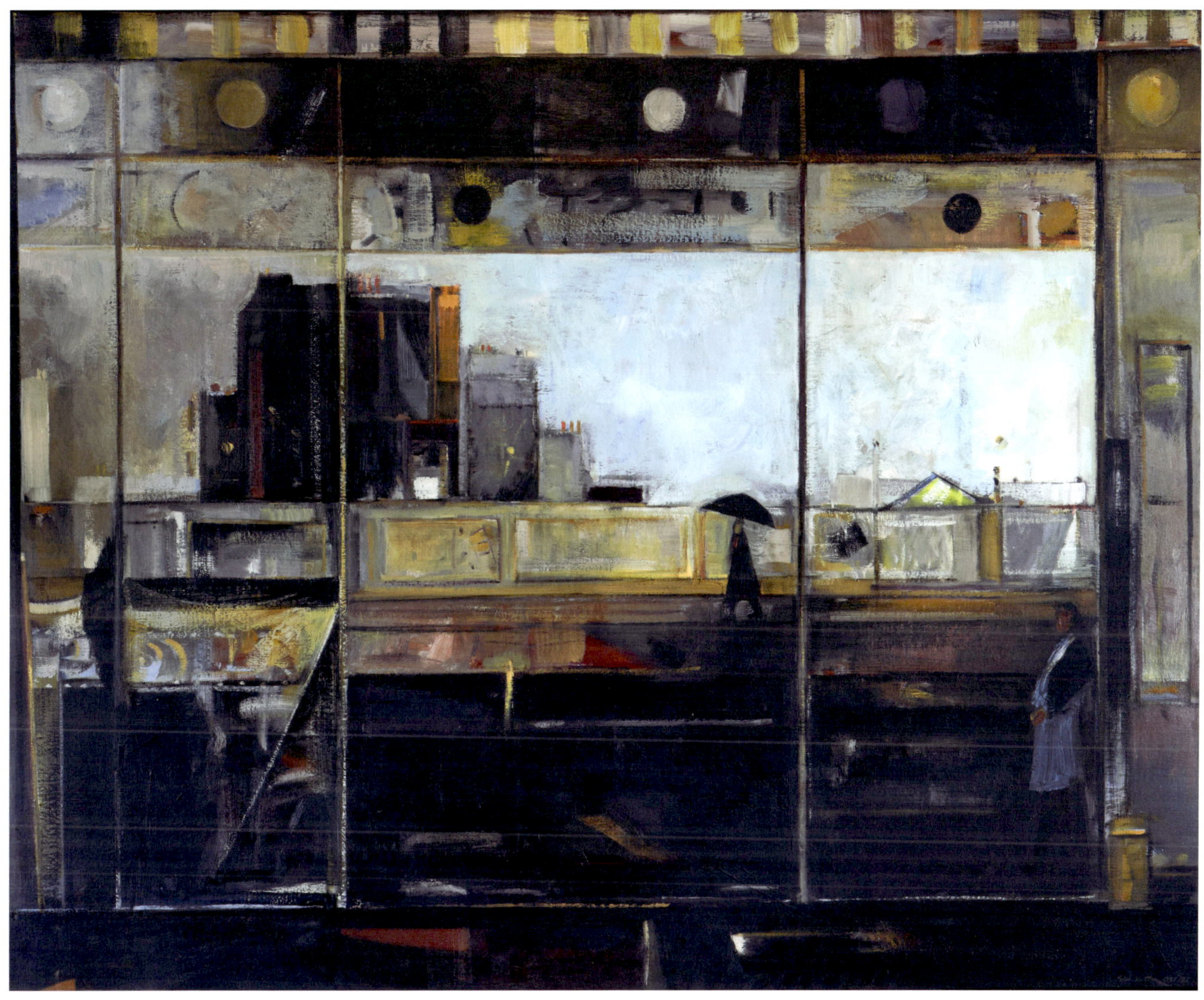

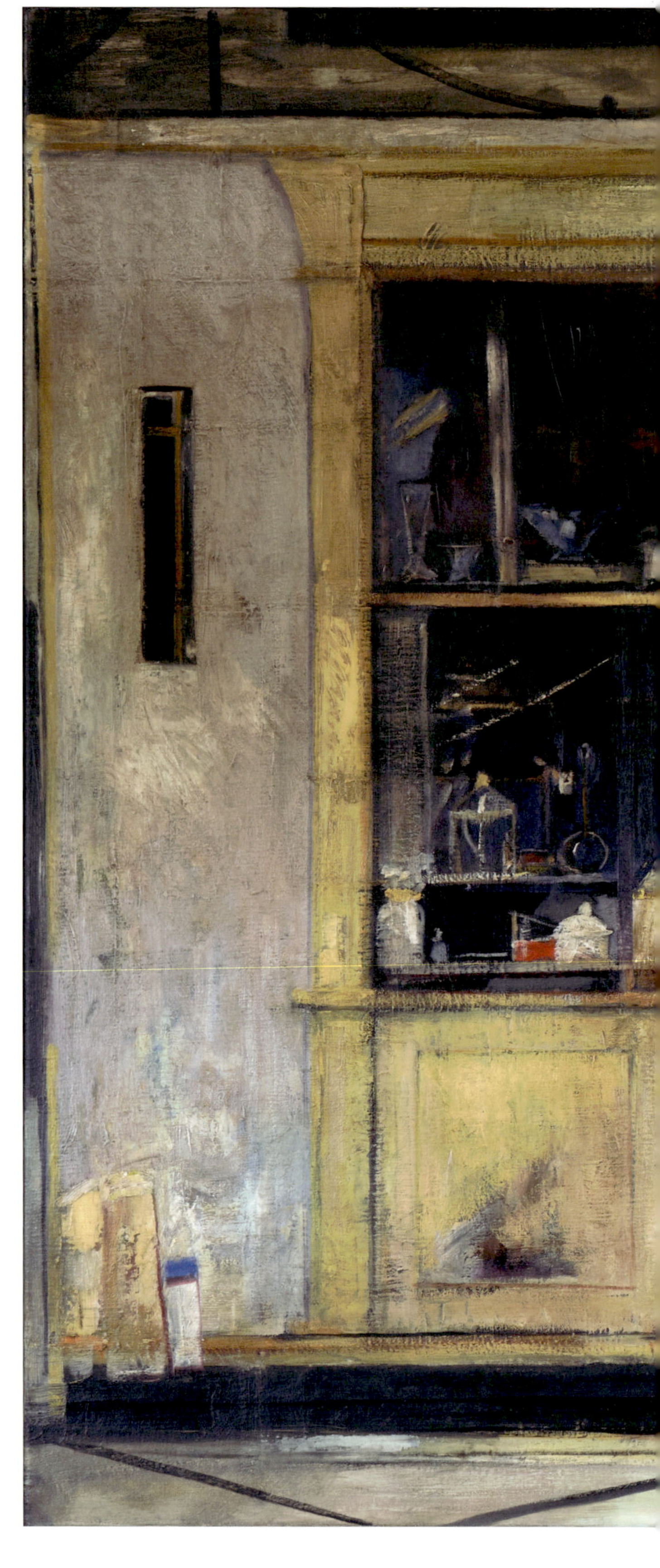

ABB. 61
Gelber Laden, 1990
Öl auf Leinwand, 150 × 200 cm
ARK Basel

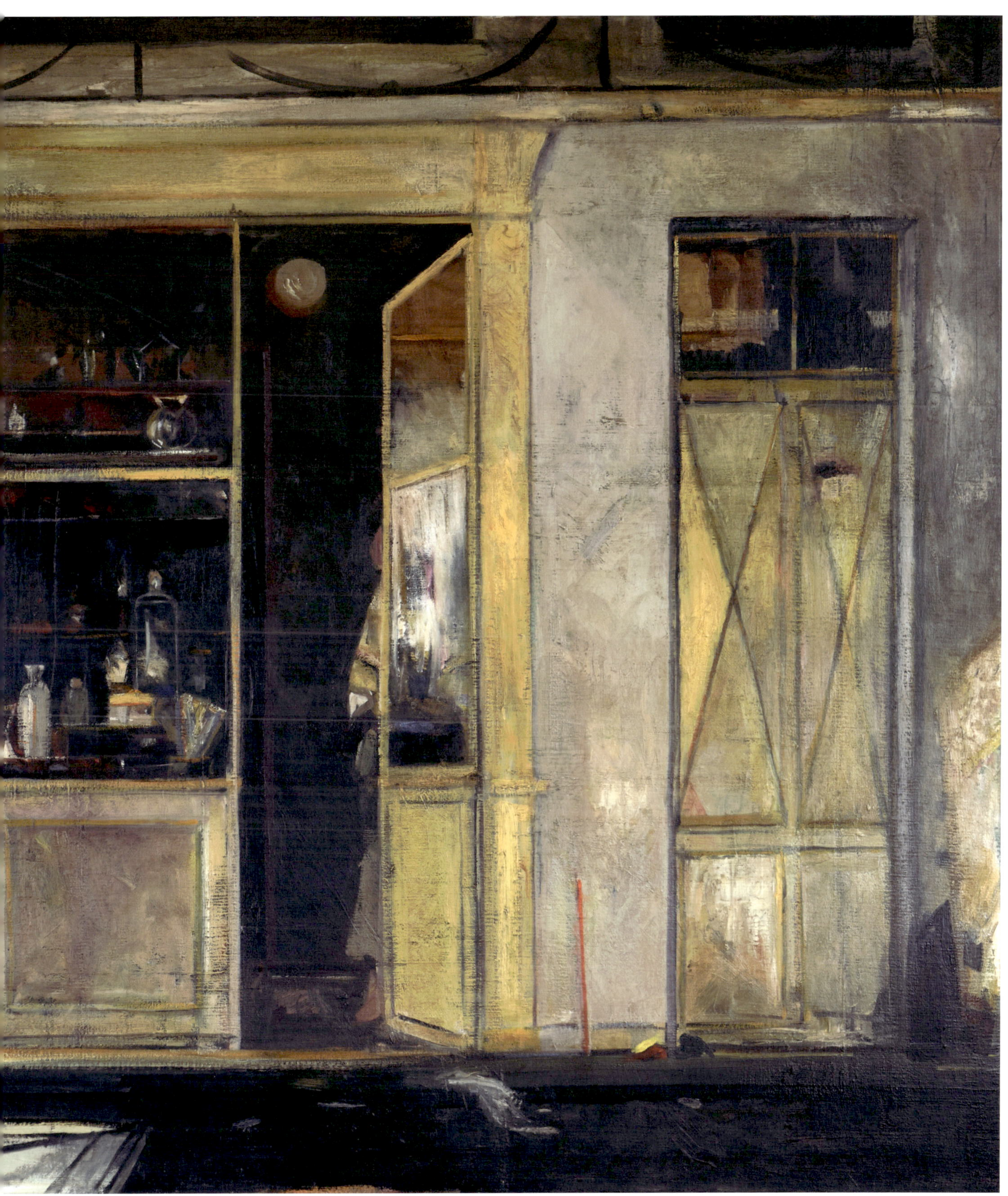

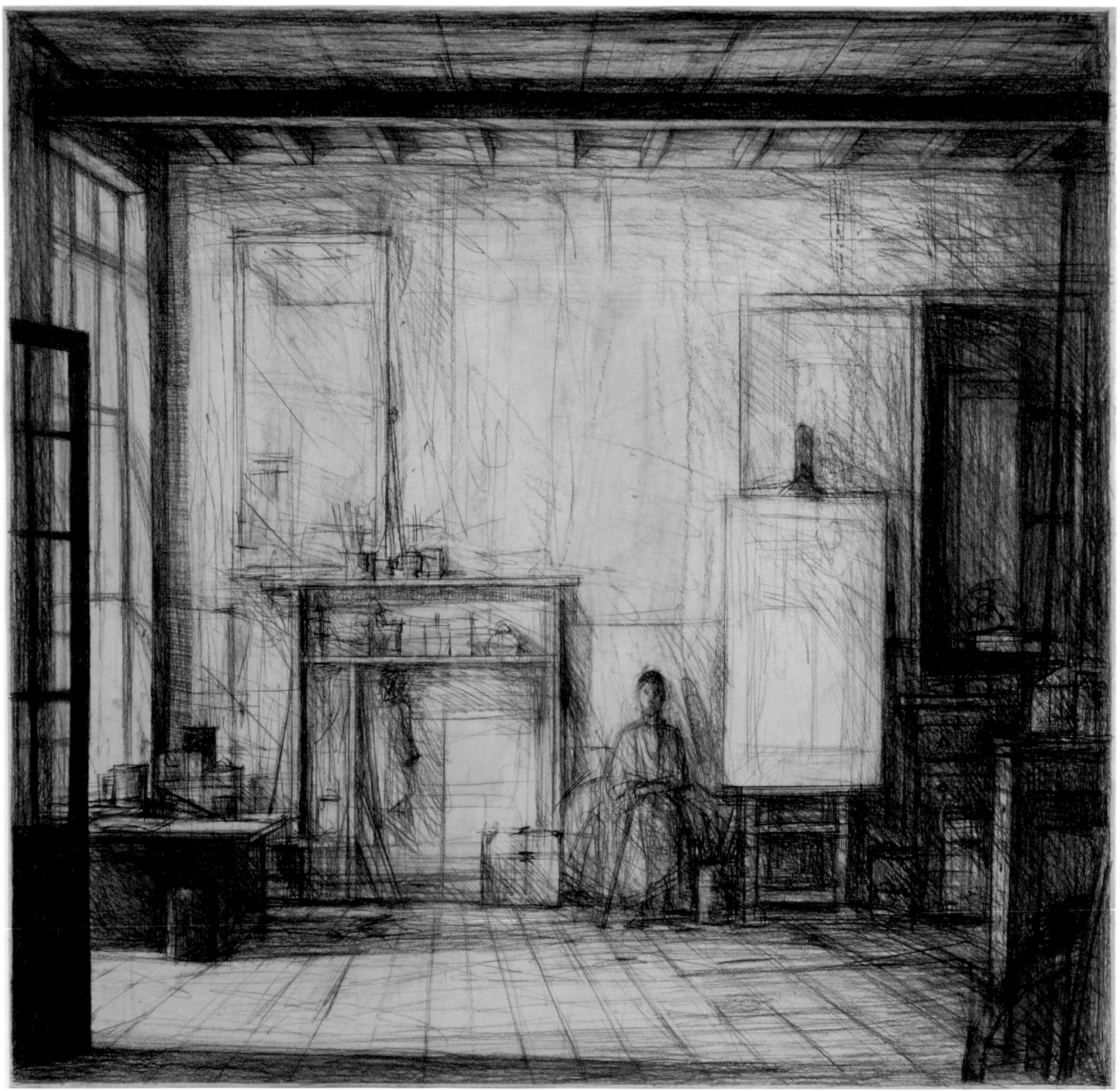

ABB. 62
o.T. [Atelier Paradiesstrasse], 1997
Kohle auf blauem Papier, 69 × 73,5 cm
Privatbesitz Basel, G. Fehse

ABB. 63→
Anatomieschrank, 1997
Kohle auf Papier, 84,4 × 60 cm
ARK Basel

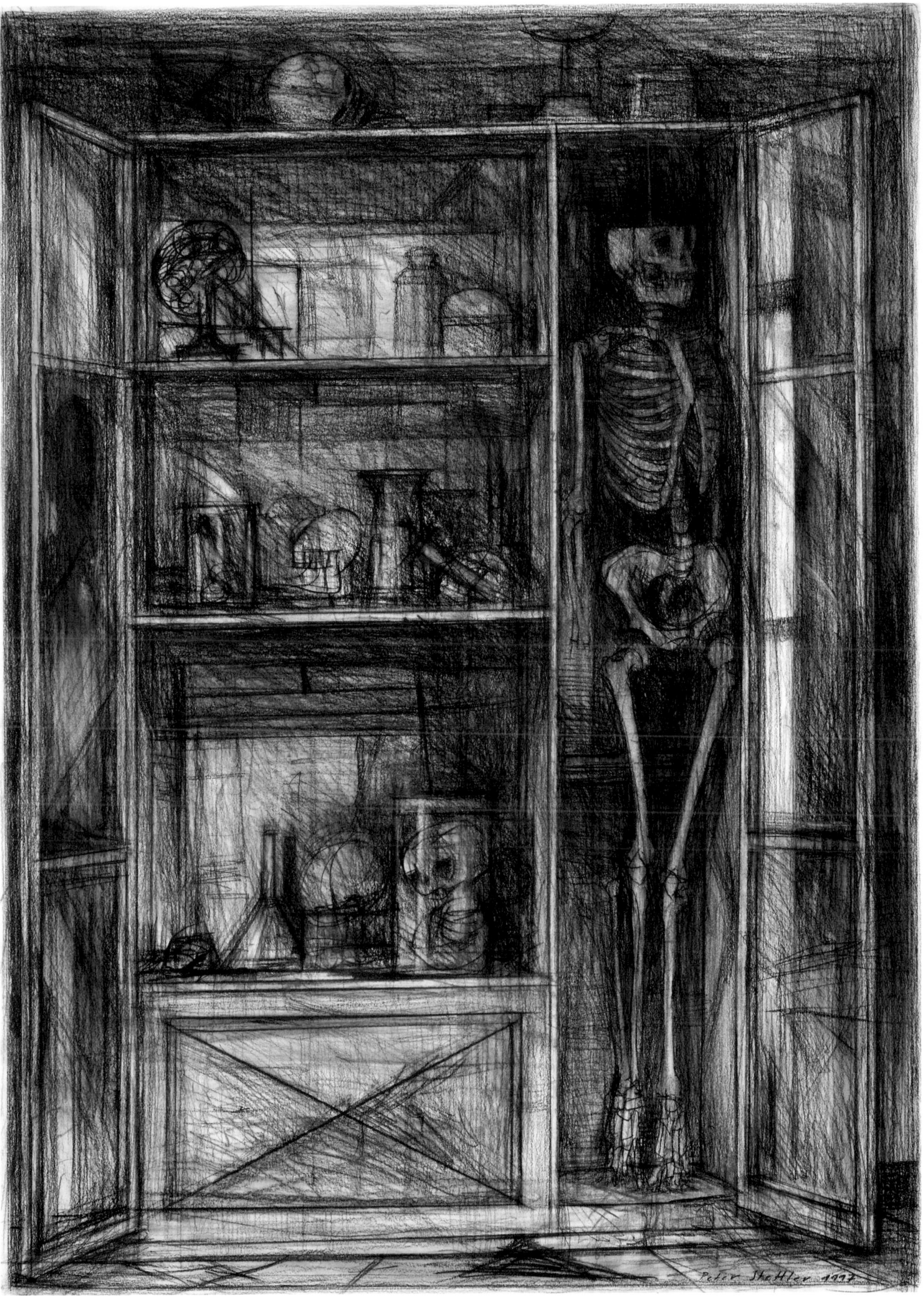
Peter Stettler 1997

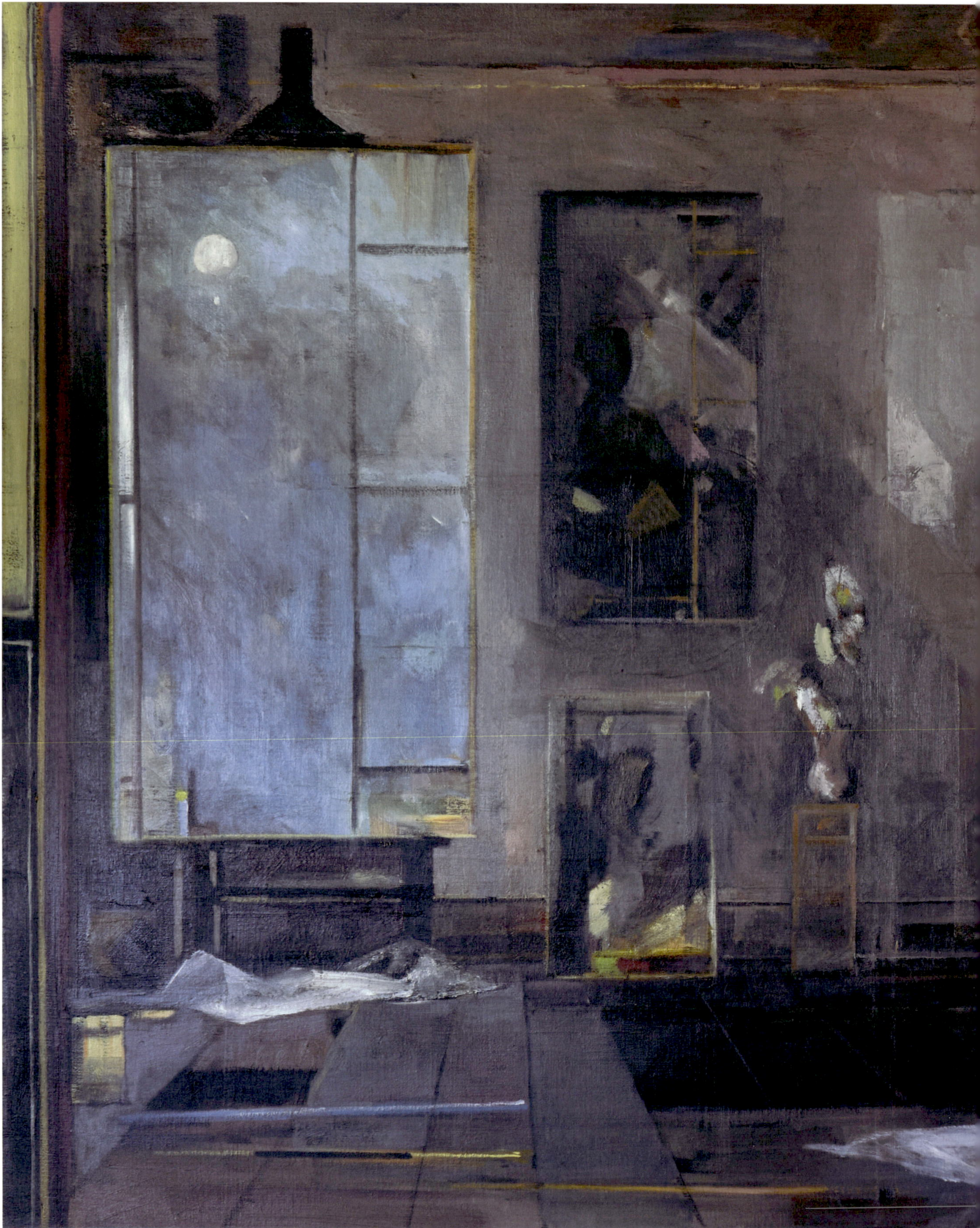

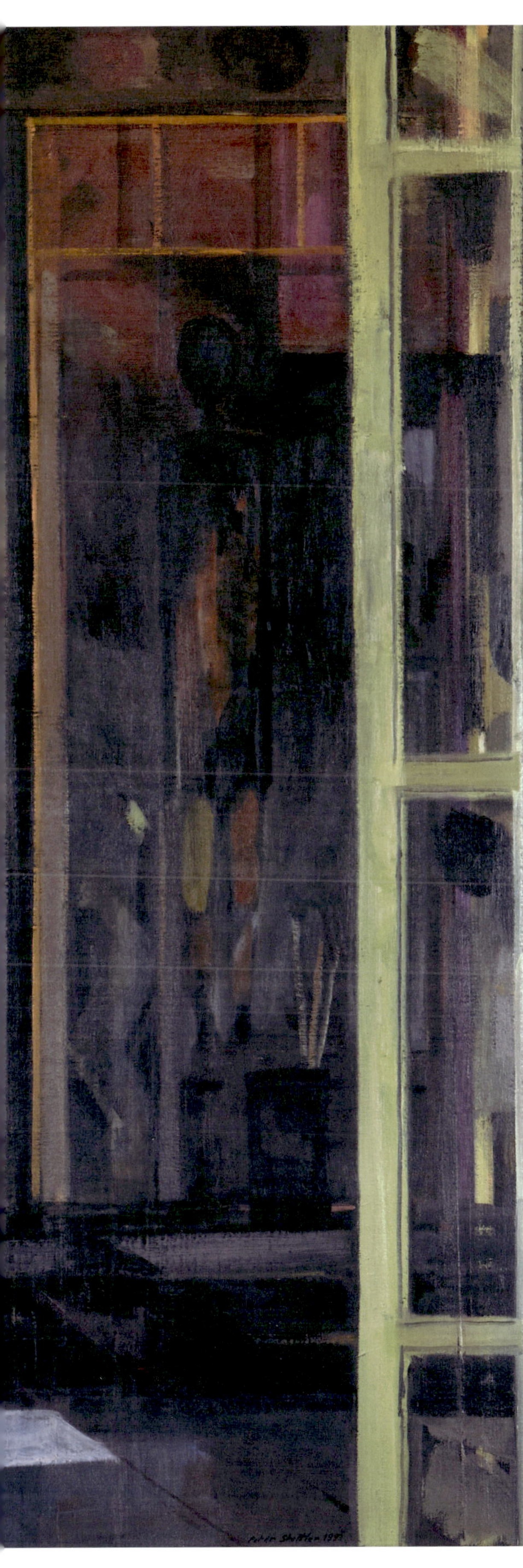

ABB. 64
Atelier, 1993
Öl auf Leinwand, 150 × 179 cm
ARK Basel

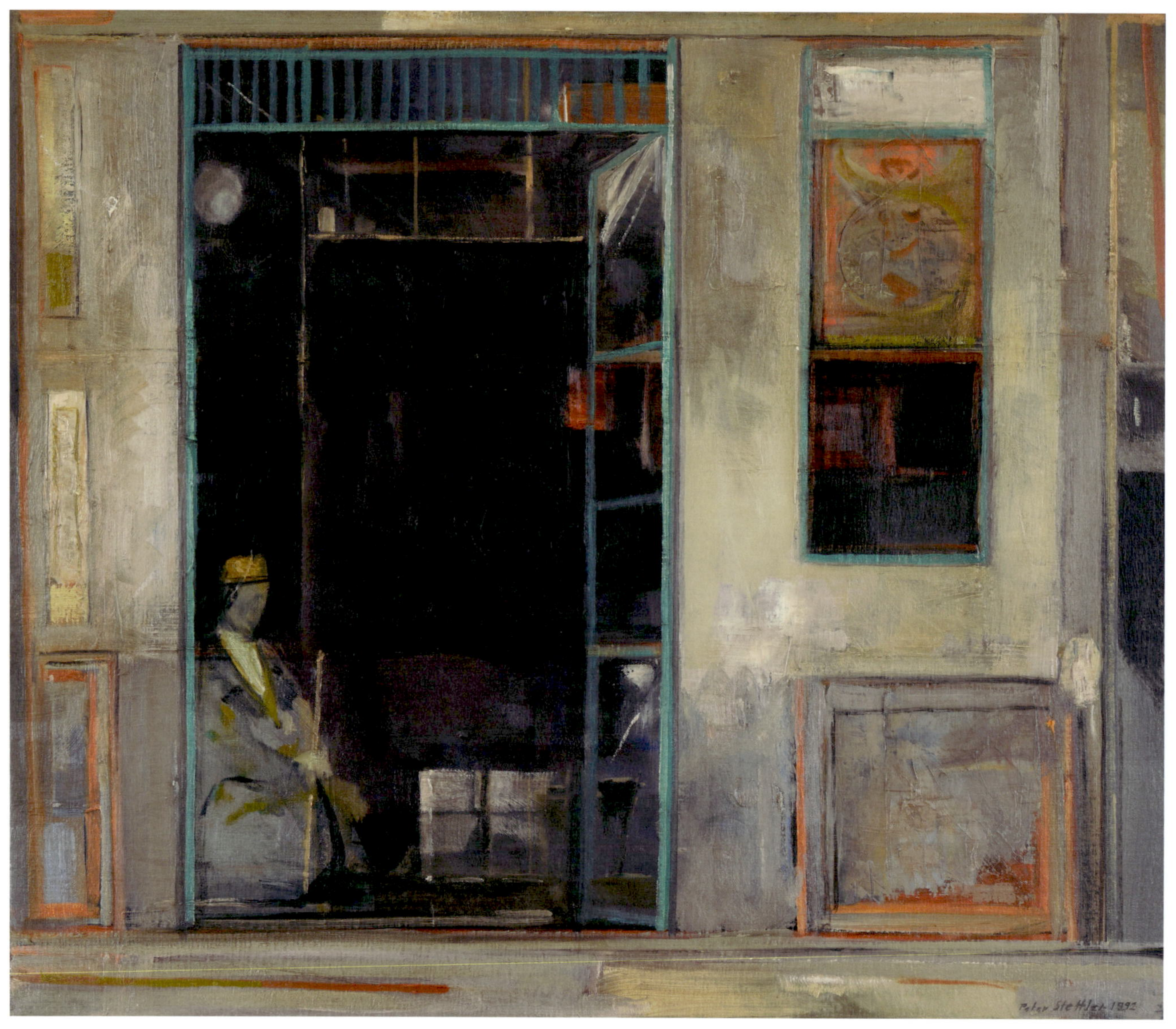

ABB. 65
Marrokanischer Laden, 1992
Öl auf Leinwand, 80,3 × 94,5 cm
ARK Basel

ABB. 66 →
Japanischer Laden, 1992
Öl auf Leinwand, 160 × 130,5 cm
ARK Basel

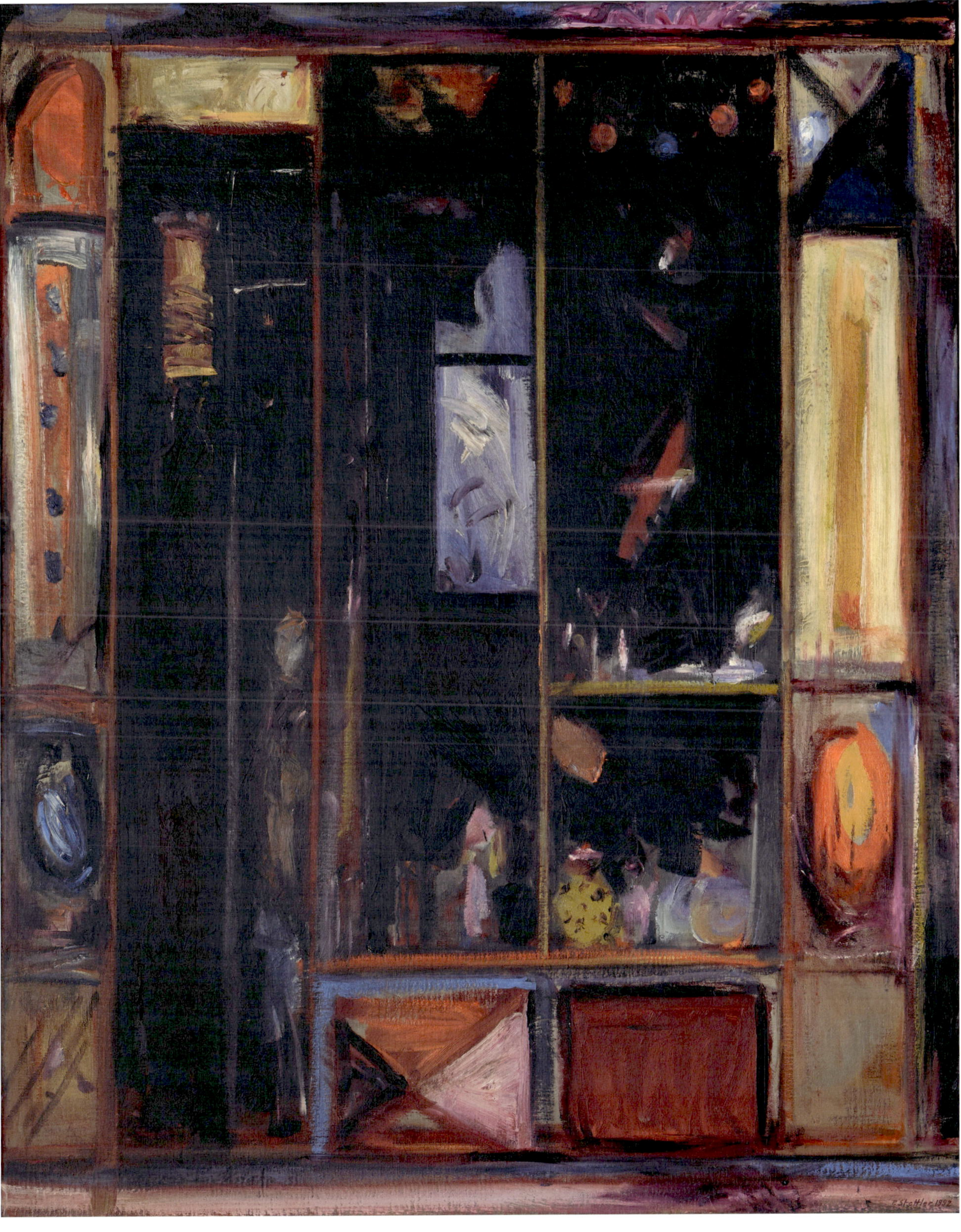
P. Stettler 1992

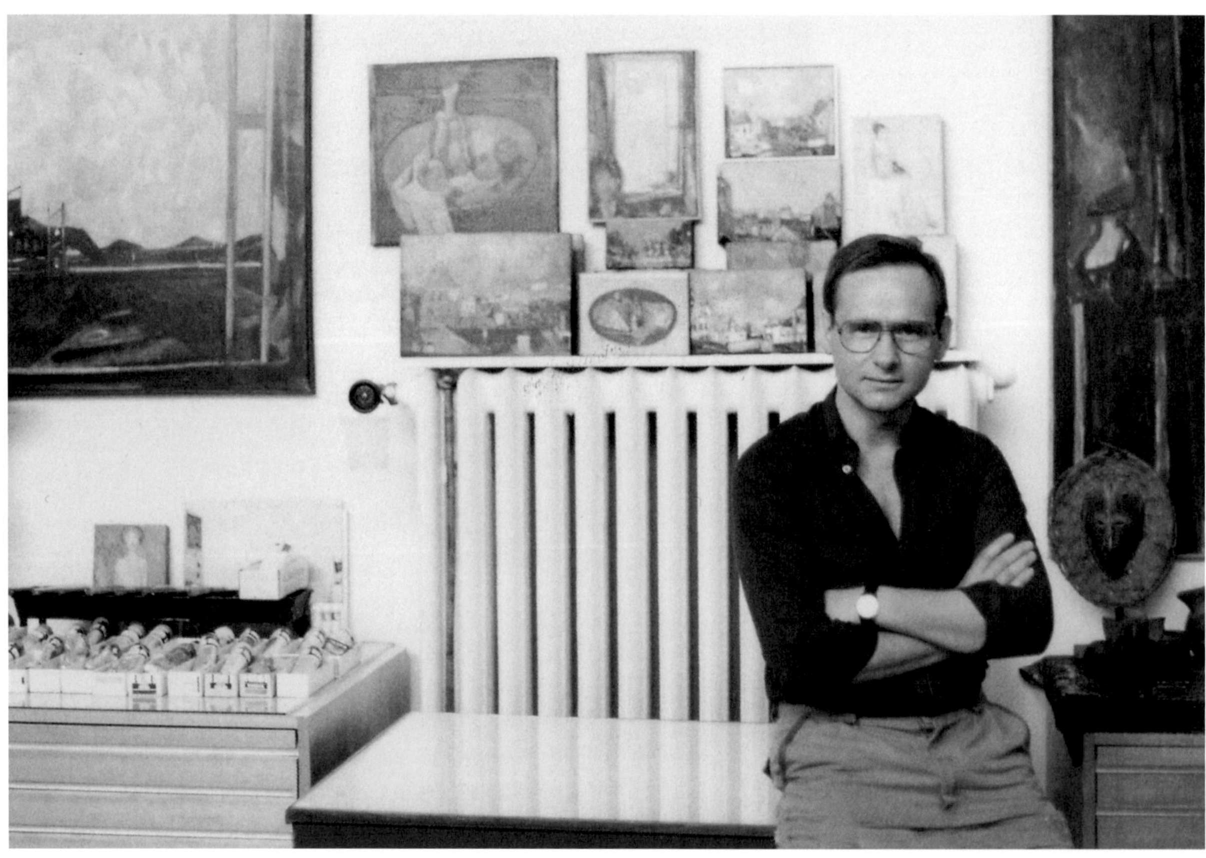

PETER STETTLER 1939–1998

EINZELAUSSTELLUNGEN

1967: Galerie W. Bollag, Frauenfeld

1971/1973/1976: Ausstellungen Galerie Spatz (ab 1973: Schoeneck), Riehen

1975: Orell-Füssli, Zum neuen Froschauer, Zürich

1975/1980/1986: Galerie Atrium, Reinach

1993: Galerie Münsterberg, Basel

1999: Gedächtnisausstellung im Kunst Raum Riehen

2024: *Intérieur I Extérieur,* Jahresausstellung des ARK Basel im Projektraum M54, Basel

GRUPPENAUSSTELLUNGEN

1950: Kinderzeichnungen des Elfjährigen werden ausgestellt im Rahmen der ersten von drei Ausstellungen der Künstlergruppe «Kreis 48» in der Kunsthalle Basel

1959–1968 sowie 1971: Teilnahme an den jurierten Weihnachtsausstellungen der Kunsthalle Basel

1962: Ausstellung Eidgenössisches Stipendium, Kunsthalle Bern

1962: *4. Internationale Graphikausstellung,* St. Moritz

1962: *Schweizer Originalgraphik,* Gewerbemuseum Winterthur

1963/64: *Neue Schweizer Originalgraphik,* Muttenz

1964/65: Weihnachtsausstellung Kunstsalon Wolfsberg, Zürich

1966: *Basler Graphik,* Kunstmuseum Basel

1968: *Jakob Engler, Max Kämpf, Peter Stettler,* Galerie Spatz, Riehen

1970: *ART 1/1970 Basel,* Galerie Spatz

1971: *3. Salon de la jeune gravure Suisse,* Musée d'art et d'histoire, Genève

1972: *Druckgraphik von 37 Künstlern der Regio Basiliensis,* Schloss Ebenrain, Sissach

1973: *ART 4/1973 Basel,* Galerie Schoeneck (vormals Spatz)

1974: *Menschliches Antlitz – Menschliche Gestalt,* Kunstverein Binningen

1974: *ART 5/1974 Basel,* Galerie Schoeneck

ABB. 67
Peter Stettler im Atelier (links erkennt man das 1984 vollendete Bild *Bergwerk*), Photo: Marie-Louise Jäger

1974/1975/1976/1977: *Neue Schweizer Originalgraphik,* Genossenschaftliches Seminar, Muttenz

1975: Galerie Alte Kanzlei, Zofingen (mit Mario Bollin)

1975: *Radierung und Kupferstich,* Kunstverein Binningen

1975: *Basler und Schweizer Graphik,* Sandoz, Basel

1983: *Erica Schnell und Peter Stettler,* Gymnasium Bodenacker, Liestal

1988: *Weihnachtsausstellung,* Galerie Reitz, Riehen

1997: Ausstellungsraum Klingental (mit Jürg Keller und Mario Bollin)

STIPENDIEN
1962: Eidgenössisches Kunststipendium, Bern

1967: Atelierstipendium *Cité Internationale des Arts,* Paris

1967: Kantonales Stipendium Basel-Stadt

ANKÄUFE
Kunstmuseum Basel: 1962, 1963

Kunstkredit Basel-Stadt: 1961, 1962 (3x), 1963, 1964, 1965, 1966, 1967, 1968, 1982

Baloise: 1961, 1964, 1973 (2x), 1979, 1980 (2x)

Helvetia (ehem. National Versicherung): 1986, 1989

LITERATUR

Richard Häsli: «A. Holy und P. Stettler im Wolfsberg», in: *Neue Zürcher Zeitung,* 12. März 1965

mh.: «Lebensbejahung in thematischer Vielseitigkeit», in: *Tages-Anzeiger,* 18. März 1965

E. Br.: «Adrien Holy – Peter Stettler, Kunstsalon Wolfsberg», in: *Werk* 5/1965

F. Wr.: «Basler Graphik der Gegenwart», in: *Basler Woche,* 21. Januar 1966

Schweizerisches Künstlerlexikon KLS 1958–1967, S. 938

Richard Häsli: «Peter Stettler», in: *Neue Zürcher Zeitung,* 13. Februar 1975

g.: «Zwei Basler Künstler in Zofingen», in: *Basler Woche,* 25. April 1975

rk.: «Zwei Basler Künstler in Zofingen», in: *Zofinger Tagblatt,* 28. April 1975

P. H.: «Basler Doppelausstellung», in: *Basellandschaftliche Zeitung,* 29. April 1975

mdr.: «Zwei Basler Künstler», in: *Der Bund,* 2. Mai 1975

mdr.: «Welt der Farben und Formen», in: *Aargauer Tagblatt,* 9. Mai 1975

AA: «Ein Maler und ein Plastiker in der ‹alten Kanzlei›», in: *Aargauer Anzeiger,* April/Mai 1975

gb.: «Keine geschlossene Werkgruppe zu finden», zur Ausstellung Orell Füssli 1975 (Erscheinungsort und Datum unbekannt)

Annemarie Monteil: «Schoeneck: Peter Stettler», in: *National-Zeitung,* 11. Dezember 1976

Martin Schwander: «Peter Stettler, s'Dänteli. 1977», in: *Bankverein-Bulletin,* Kunstwerk des Monats, ohne Jg.

Hans-Jürg Kupper: «Atrium: P. Stettler und E. Kodré», in: *Basler Zeitung,* 31. Oktober 1980

Annemarie Monteil: «Bodenacker in Liestal: E. Schnell und P. Stettler», in: *Basler Zeitung,* Oktober 1983

Dorothea Christ: «Peter Stettler Erica Schnell Stettler. Eine Künstlerfamilie in Riehen», in: *z'Rieche. Ein heimatliches Jahrbuch* 33, 1993, S. 98–109

Renate Dürst: «Galerie Münsterberg: Peter Stettler. Schränke, Fächer», in: *Basler Zeitung,* 12. Januar 1993

o. V.: «Ausstellungsraum Klingental: Drei Zeichner. Mario Bollin, Jürg Keller, Peter Stettler», in: *Programmzeitung* Nr. 111, September 1997, S. 32

thü.: «Ausstellungsraum Klingental», in: Basler Zeitung, 6./7. September 1997

Jürg Keller, Mario Bollin: «Zum Gedenken. Peter Stettler», in: *Basler Zeitung,* 12./13. Dezember 1998

Robert Schiess, Andreas His: «Peter Stettler», in: *Peter Stettler. Ölbilder, Zeichnungen* (Katalog zur Ausstellung im Kunst Raum Riehen vom 5. Juni bis 11. Juli 1999), Riehen 1999

Judith Fischer: «Verliebt in Schwarz. Ausstellung der Werke des Riehener Künstlers Peter Stettler im Kunst Raum Riehen», in: *Riehener Zeitung,* 4. Juni 1999

Schweizerische National-Versicherung-Gesellschaft (Hg.): *Schweizer Kunst des 20. Jahrhunderts. Die Sammlung der National Versicherung,* Schweizerisches Institut für Kunstwissenschaft, Zürich 2005, S. 418

Marlies und André Becht: *Stiftung Basler Künstler – Fondazione Artisti Basilesi MABEBA. Villa Turconi – Loverciano. Castel San Pietro – Ticino,* Basel 2008, S. 197

Isolde Schaffter-Wieland: «Der malerische Maler», undatierter Artikel in unbekannter Zeitschrift

AUTOR/INNEN

Andreas Chiquet ist Bildhauer, Autor und Kunstvermittler. Von 1980 bis 2013 unterrichtete er am Gymnasium Oberwil/BL und war während 20 Jahren Dozent für Didaktik der Kunstgeschichte an der FHNW. Chiquet kuratierte die bisherigen Ausstellungen und Publikationen des ARK Basel und ist Mitglied des Teams des ARK Basel.

Anna Lehninger ist Kunsthistorikerin und assoziierte Forscherin am Schweizerischen Institut für Kinder- und Jugendmedien, Zürich. Sie wirkt ausserdem als Projektmitarbeiterin an der Zentralbibliothek Zürich. Lehninger realisierte zahlreiche Publikationen und Ausstellungen in den Themenbereichen Kinderbuchillustration und historische Kinderzeichnung, Künstlerinnenforschung und Spielzeuggeschichte.

Tomas Lochman wirkte bis zu seiner Pensionierung Ende März 2024 als Kurator am Antikenmuseum Basel und Sammlung Ludwig. In eigenen Forschungen beschäftigt er sich vorzugsweise mit der Rezeptionsgeschichte der Antike und der Geschichte der Basler Kunst des 19. und 20. Jahrhunderts. Lochman ist Vorstandsmitglied des ARK Basel.

DANK

Ein erster Dank gebührt den Erben Erica Schnell-Stettlers für die Übergabe des Nachlass-Restbestands von Peter Stettlers Werken. Da der gesamte dokumentarische Nachlass kurz vor der Übernahme in das ARK entsorgt wurde, konnten die Lebensumstände, Leidenschaften und Charakteristika Stettlers nur durch einen aufwendigen Oral-History-Prozess rekonstruiert werden. Ohne die grosse Bereitschaft einiger Freundinnen und Freunde des Malers hätte in diesem Buch kein auch nur annähernd so differenziertes Persönlichkeitsbild gelingen können. Für die zahlreichen interessanten Gespräche sowie für sonstige Hinweise und Hilfen danken wir Peter Berlepsch, Saskia Bollin, Martin P. Bühler, Eva Clöer Rohrbach, Thomas Dettwiler, Gabrielle Fehse, Florian Fisch, Trudi Fisch, Silvia Gelzer-Bertschi, Doris und Claudia His, Ingrid Iten, Eva Matéfi, Christian Mengelt, Werner von Mutzenbecher, Thomas Neeser, Peter Olpe, Paolo Pola, Marius Rappo, Markus Rück, Sibylle Ryser, Ursula Salathé, Uli Schierle, Robert Schiess, Robert Schnell, Daniel Schoeneck, Denise Schweizer, Robert Seiffert, Vera Stauber, Jürg Stäuble, Natascha Stauffer, Hansruedi Zimmerli sowie Moritz und Kristin Zwimpfer.

Grosser Dank und Anerkennung gebühren alsdann den Autorinnen und Autoren Anna Lehninger, Andreas Chiquet und Tomas Lochman. Die Ausstellung wurde vom «Stettler-Team» Tomas Lochman, Iris Kretzschmar, Franziska Fellner und Andreas Chiquet realisiert. Die grafische Gestaltung hat erneut die Buchgestalterin Sibylle Ryser übernommen; Peter Stettler war einer ihrer massgebenden Lehrer während ihrer Ausbildung in der Grafikfachklasse der Basler Kunstgewerbeschule. Ihr verdanken wir auch das Gestaltungskonzept für die gesamte Essenzen-Reihe. Dem international tätigen Schwabe Verlag danken wir für das Vertrauen und den Mut, quer zur Globalisierung des Kunstbetriebs eine Buchreihe zu lancieren, die ausdrücklich kulturökologisch konzipiert ist: aus der Region und für die Region.

ARK BASEL

ARK Basel steht für *Archiv Regionaler Künstlerinnen- und Künstlernachlässe Basel.* Das Archiv sammelt, bewahrt und verbreitet die Hauptwerke bedeutender Kunstschaffender der Region Basel und bietet als Kompetenzzentrum Dienstleistungen im Umgang mit Künstlerinnen- und Künstlernachlässen an. Das ARK Basel hat sich zum Ziel gesetzt, das Kunsterbe der Region Basel lebendig zu erhalten. ARK Basel erschliesst und dokumentiert die ihm übergebenen Nachlässe und macht sie der Forschung, Vermittlung und Öffentlichkeit zugänglich (www.ark-basel.ch).

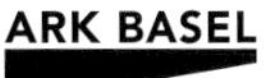

ESSENZEN

Die vom ARK Basel herausgegebene Schriftenreihe *Essenzen* präsentiert – im Gegensatz zum Anspruch umfassender Monographien – die kostbarsten, unverwechselbaren Kerne künstlerischer Lebenswerke. Geplant ist das Erscheinen eines Bandes jährlich. Der vorliegende Band 3 erscheint anlässlich der Ausstellung *Peter Stettler | Intérieur Extérieur,* ARK Basel, im Projektraum M54 in Basel, 26. September – 6. Oktober 2024.

FÖRDERUNG

Diese Publikation wurde gefördert durch Beiträge der Mary und Ewald E. Bertschmann-Stiftung Basel, des Swisslos-Fonds Basel-Stadt und Basel-Landschaft, der Hans und Renée Müller-Meylan Stiftung, der Baloise Gruppe, der Gemeinde Riehen, Ingrid Iten sowie weiterer Förderer, die nicht namentlich genannt werden möchten.

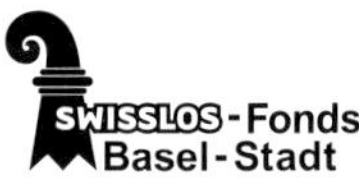

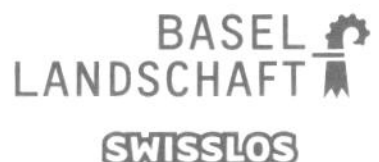

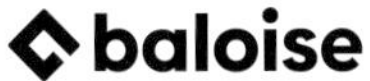

IMPRESSUM

Die Deutsche Nationalbibliothek verzeichnet diese Publikation in der deutschen Nationalbibliografie; detaillierte bibliografische Daten sind im Internet über http://dnb.de abrufbar.

Abbildung Umschlag:
Peter Stettler, *Atelier,* 1993, Öl auf Leinwand, 150 × 179 cm (Detail); Foto: Martin P. Bühler

Lektorat: Tomas Lochman, Andreas Chiquet, Stephan Hauser, Marc Keller
Korrektorat: Anna Ertel, Göttingen

Gestaltungskonzept, Cover und Layout: Sibylle Ryser, Büro für Buchgestaltung, Basel, www.sibylleryser.ch
Schriften: Capito (Jan Fromm, 2019/2023); Gotham und Gotham Narrow (Tobias Frere-Jones, Jesse Ragan, 2020)

Werkaufnahmen (Abb. 1–20, 22–24, 28–31, 34, 37–38, 41–43, 45–66): © Martin P. Bühler
Abb. 25: © Kunsthaus Zürich, 1941
Abb. 26: © Philadelphia Art Museum
Abb. 44: unter den Lizenzbedingungen der Creative Commons frei verfügbar

Wir haben uns bemüht, sämtliche Rechteinhaber ausfindig zu machen. Sollte es uns in Einzelfällen nicht gelungen sein, so bitten wir Sie, sich beim Verlag zu melden.

Lithografie und Druck: Gremper AG, Basel
Bindung: Bubu AG, Mönchaltorf
Papier: Profimatt 150 gm², Vor-/Nachsatz: Surbalin

Printed in Switzerland

ISBN Printausgabe 978-3-7965-5242-7
ISBN eBook (PDF) 978-3-7965-5243-4
DOI 10.24894/978-3-7965-5243-4

Das eBook ist seitenidentisch mit der gedruckten Ausgabe und erlaubt Volltextsuche. Zudem sind Inhaltsverzeichnis und Überschriften verlinkt.

rights@schwabe.ch
www.schwabe.ch

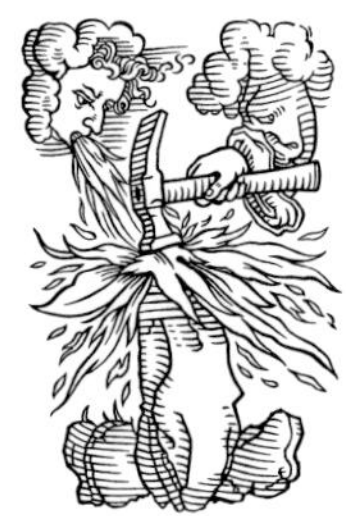

Das Signet des Schwabe Verlags ist die Druckermarke der 1488 in Basel gegründeten Offizin Petri, des Ursprungs des heutigen Verlagshauses. Das Signet verweist auf die Anfänge des Buchdrucks und stammt aus dem Umkreis von Hans Holbein. Es illustriert die Bibelstelle Jeremia 23,29: «Ist mein Wort nicht wie Feuer, spricht der Herr, und wie ein Hammer, der Felsen zerschmeisst?»